40代からの街道歩き

大山街道編

大山阿夫利神社

大山寺

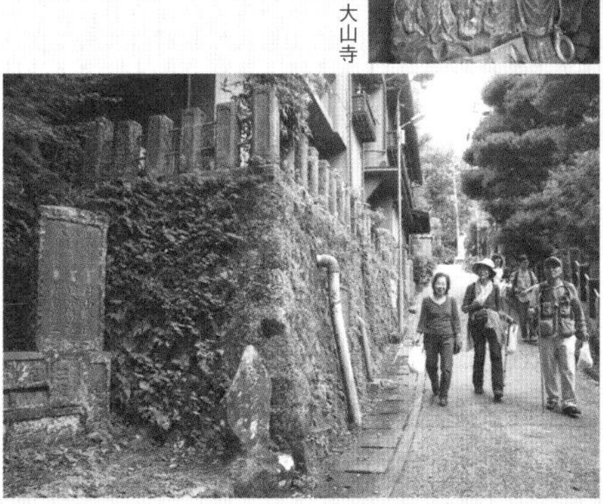

大山豆腐坂

世田谷代官屋敷

contents

大山街道

成田街道

街道歩きのアドバイス

楽しく歩くための準備とコツ

ベストシーズンは?

大山街道と成田街道は、いずれも国道歩きが中心になるので、歩く時期は選ばないが、舗装道が多いからこそ、景色に四季の自然を感じられる春~初夏(3月~6月)と秋(9月~11月)をおすすめしたい。7・8月はどこも最高気温は30度を超え、国道沿いは日陰も少なく、舗装道路は照り返しも強い。夏に歩く場合は休憩と水分補給に気を配ろう。大山阿夫利神社や成田山新勝寺は、初詣でを兼ねて1月に行くのもいい。

アクセスは?

起終点の駅は、大山街道は東急田園都市線と小田急小田原線、成田街道はＪＲ総武線と京成本線の利用が中心となり、いずれも頻繁に発着しているので、往路・帰路のアクセスは便利だ。唯一バス利用となる伊勢原駅北口~大山ケーブル駅間も、1時間に2~3本運行しているので、長時間待つこともない。

服装や必携アイテムは?

大山阿夫利神社の女坂や大山阿夫利神社本社に続く山道を除けば、大きなアップダウンがないので軽装でよい。しかし、長く歩くことを考えると、パンツはストレッチ素材で、下着と合わせてポリエステル系の速乾性のものを選びたい。シャツは半袖を避け、襟付きの長袖にしておくと日焼けや虫刺されの予防になる。着替えもあるといい。

帽子も必需品。とくに夏場は熱中症対策で通気性が良いものを選ぼう。キャップタイプは首の後ろが日焼けしやすいので気をつけたい。荷物はリュックやウエストポーチに収め、できるだけ両手を空けておく。肩掛けバックは体のバランスが悪くなり、疲れやすいので避けた方がいいだろう。折りたたみ傘やレインウェアなどの雨具の有無は、当日の天気予報を見て判断して欲しい。

靴に関しては、ウォーキングシューズまたはスニーカーで大丈夫。靴を履くときは紐を緩めて履き、つま先を上げ、踵でトントンと地面を叩く。足の甲がフィットするように紐を締めたら、今度は踵をあげて、足指の付け根が曲がった状態で紐を蝶結びにする。靴下は5本指ソックスだと、踏ん張りが利き、足マメ予防にも効果がある。

歩き方のコツは?

まずはウォーミングアップ。両手を組んで裏替えしに頭上に上げて背筋を伸ばしたり、腰や足・手首を回したり、膝の屈伸運動、アキレス腱を伸ばすなど、筋肉や腱をほぐして体の柔軟性を高めておく。歩き初めてからも信号待ちや休憩時にストレッチ運動して、こまめに疲れを取っておくとよい。

本書で設定した1日のコースは比較的短い。阿夫利神社本社参拝の大山登山を除けば、歩くだけなら2~3時間で歩けてしまうコースが多い。健脚なら2コース分まとめて歩いてもいい。とはいえ、急がず、かといってダラダラ歩くのではなく、リズミカルに歩こう。それが疲れにくく、気分的にも楽しい。
　歩き方のコツは踵からつま先へゆっくり重心を移動させ、歩幅は無理しない程度で広くとる。単純に10ｍを20歩で歩く時と18歩で歩く時では2歩の差が出る。１００ｍで20歩、１㎞だと２００歩、10㎞で２０００歩の差ができる。１歩ごとに膝や腰は衝撃を受けるので、やはり歩数は少ない方がいい。
　水分補給も忘れずに。喉が渇いてからではなく、夏場ならば30分から１時間を目安に１回にコップ１杯分（１８０～２００㎖）程度の水を飲もう。当然、荷物には水筒もしくは５００㎖のペットボトルを加えておくことを忘れずに。また、飴などのオヤツがあると気分転換になるので持っていくといい。

トイレ・食事は？

　トイレも食事も困る前に済ませること。トイレに関してはスタート地点の駅と昼食の飲食店で必ず立ち寄ること。大山街道の後半（コース9）を除けば、市街地を歩くことが多いので、コンビニなどを上手に利用するとよい。国道沿いとはいえ、市街地を過ぎると飲食店は少なくなるので計画的に昼食をとるように心がけたい。ランチ時間を過ぎると休憩を取る店が多いので、あらかじめ菓子などを用意するのもいい。

帽子
日差しや紫外線から頭を守ってくれる。多少の雨なら気にならない
リュック
体にフィットするもの。地図などを収納できる脇ポケット付きが便利
パンツ
速乾性のあるポリエステル系で、ストレッチ素材がおすすめ
水筒
500㎖のペットボトルサイズならリュックの脇ポケットに差せる
靴
ウォーキングシューズがベストだが、スニーカーでも大丈夫

大山街道とは

散策前に知っておきたい基礎知識

大山街道とは

　大山街道は、江戸時代に関東各地から相模国大山にある大山阿夫利神社に向かう参詣者が通った古道。大山は雨乞いに霊験のある山として雨降山《あめふりやま》とも呼ばれ、昔から農民たちの山岳信仰の対象とされてきた。大山に鎮座する大山阿夫利神社は、五穀豊穣や雨乞いの神として信仰され、多くの農民が参詣に訪れた。

　大山への参詣者が通る道は「大山道」と呼ばれ、街道筋には道標も立てられた。街道沿いや相模川の渡船場などには宿場ができ、大いに賑わったという。最盛期の宝暦年間（１７５１年～１７６４年）には、年間約20万人の参詣者を数えたという記録が残る。

　大山街道は大山を中心に、江戸へ、甲州へ、武蔵へと幾筋ものルートが四方八方に延び、大山詣でが盛んであったことがわかる。

　江戸からの道として代表的なものに「矢倉沢往還」がある。江戸城の赤坂御門を起点に、青山、渋谷、三軒茶屋を経て二子の渡しで多摩川を渡り、溝口、荏田、鶴間、厚木、伊勢原、松田を経て足柄峠を越えて駿河国沼津宿に至る。東海道の脇往還としても機能し、江戸から大山への参詣道として使われたことから「大山街道」「大山道」、あるいは厚木街道とも呼ばれた。現在の国道２４６号がこれにあたり、本書で紹介する大山街道はこのルートである。

大山詣で

　江戸中期になると庶民の間で大山詣でが流行する。当時は一人で旅をしながら参詣することは難しく、近所同士で、あるいは仕事仲間で団体（講）をつくり、各地で大山講が組織された。

　現在の大山は通年参詣できるが、江戸時代には厳しい戒律があり、御拝殿口（現在の下社）までは通年参詣できたが、下社から先は女人禁制で、男性でも夏山祭礼中しか参詣が許されなかった。したがって、夏山の期間は特別な日であり、期間中は各地から多くの参詣者が大山を目指した。現在と違って照明がなかった時代、大山街道の主な辻には大山灯籠が立てられ参詣者を導いた。今

『相州大山 諸人参詣之図』歌川芳藤／慶応元年（1865）
納太刀を担いで参詣する職人や商人たち。大山詣での賑わいが伝わってくる

も瀬田玉川神社（P28参照）では、夏山開きの期間中に大山灯籠が立てられている。

参詣者は、白の行衣《ぎょうい》を着て、手っ甲や脚絆《きゃはん》、さらに日光や雨露を防ぐための着茣蓙《きござ》を身にまとい、雨具や菅笠を持ち、腰に鈴をつけ、「六根清浄」の念仏を唱えながら大山へと向かった。

『相模国大隅郡 大山寺雨降神社真景』五雲亭 歌川貞秀／安政5年（1858）
大山寺の二王門や額堂なども描かれ、神仏習合の時代の様子がよくわかる

源頼朝が平家打倒のために挙兵するにあたり、大山阿夫利神社に刀を納めたと伝えられ、これに倣って木太刀を納める納《おさめ》太刀《だち》という風習が伝わる。この話は「江戸庶民の信仰と行楽の地～巨大な木太刀を担いで『大山詣り』～」として平成28年に日本遺産に認定され、下社の鳥居の近くに、記念のモニュメントが立てられた。

大山詣での帰路は、江ノ島や鎌倉などの観光も行われた。いやむしろ、庶民にとって参詣は口実で、行き帰りの遊興が楽しみであったという。古典落語の『大山詣り』（P94参照）にも、遊興の話が出てくる。江戸から2～3日の距離、帰りがけに観光をしても往復5日程度だから、手軽なレジャーとして江戸っ子たちに人気になったのだろう。

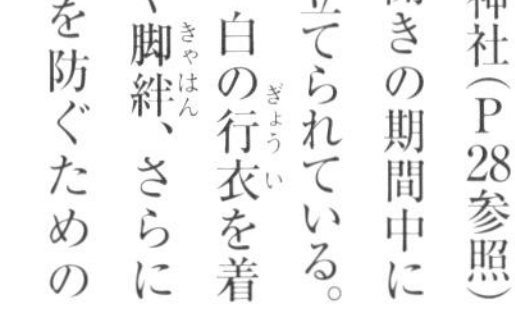

明治34年（1901）に東京の銅器職講が奉納した鳥居の前に立つのは、東京市内の銅器職人を中心とした大山講の人たち
写真／伊勢原市教育委員会

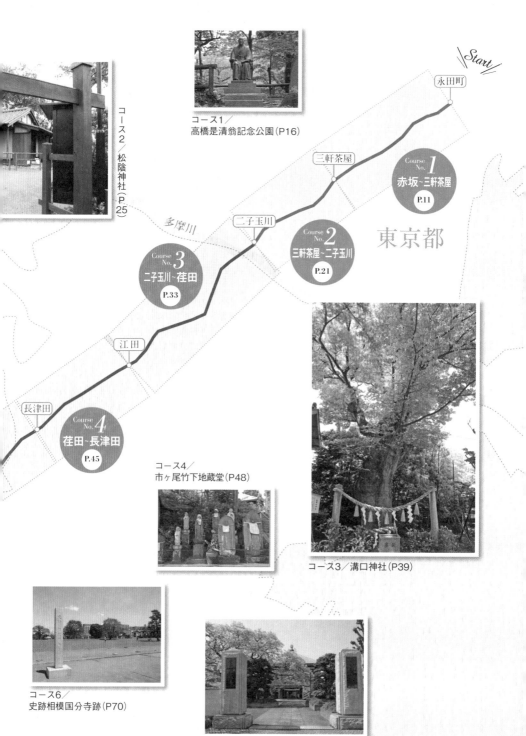

コース1／
高橋是清翁記念公園（P16）

コース2／松陰神社（P25）

コース3／溝口神社（P39）

コース4／
市ヶ尾竹下地蔵堂（P48）

コース6／
史跡相模国分寺跡（P70）

コース5／圓成寺（P60）

大山街道全図

コース9／大山女坂(P100)

コース8／こま参道(P92)

雨降山大山寺(P100)

コース7／
大山街道抜け道(P84)

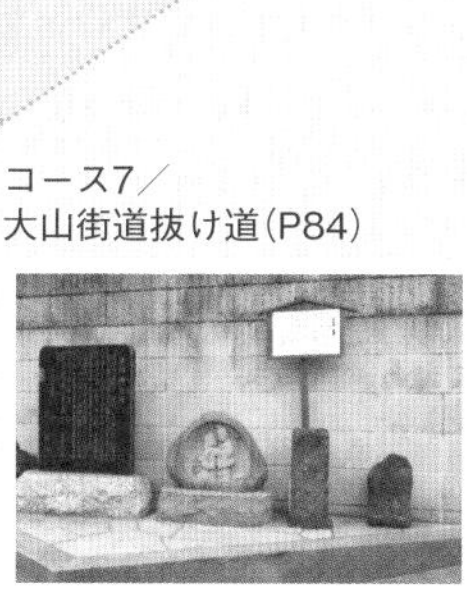

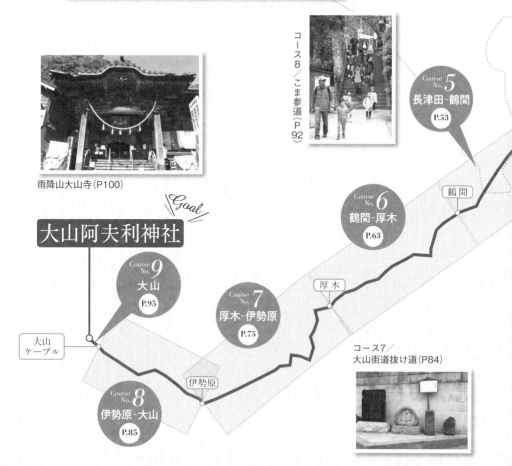

本書利用にあたって

●記載しているデータ（営業時間・定休日・料金）は2020年6月30日現在のものです。その後、変更されることがありますので、ご利用にあたっては事前に確認願います。

●休業日に関しては年末年始、GW、お盆、9月の連休などは変更になる場合があります。

●美術館や博物館、公園、庭園などの施設は、原則的に閉館（園）時間を記載しています。また、料金は通常期の大人1名分で表示しています。

●各コースに記載している歩行距離は、コース図内の点線部分から算出したものです。歩行時間は時速4km（分速約67m）、歩数は1歩75cmで算出しています。

●各コースに記載している歩行距離・時間・歩数には、寺社、公園、博物館などの施設内の距離・時間・歩数は含まれず、入口までで算出しています。

●記載している歩行距離・時間・歩数は目安です。歩き方や見学時間などによっても異なりますが、実際には記載している距離・時間・歩数の1.3〜1.5倍くらいになります。余裕をもって計画されることをおすすめします。

イチョウ並木が美しい5月の神宮外苑

Course No. 1

都心に残る江戸の薫りを訪ねて

赤坂 ▶ 三軒茶屋

歩行距離 約9.1km

約2時間15分

歩数 約1万2100歩

Start 永田町駅
東京メトロ
有楽町線・半蔵門線・南北線
▼
1 赤坂御門跡
▼
3 豊川稲荷 東京別院
▼
4 高橋是清翁記念公園
▼
6 梅窓院
▼
8 金王八幡宮
▼
10 上目黒氷川神社
▼
Goal 三軒茶屋駅
東急田園都市線・世田谷線

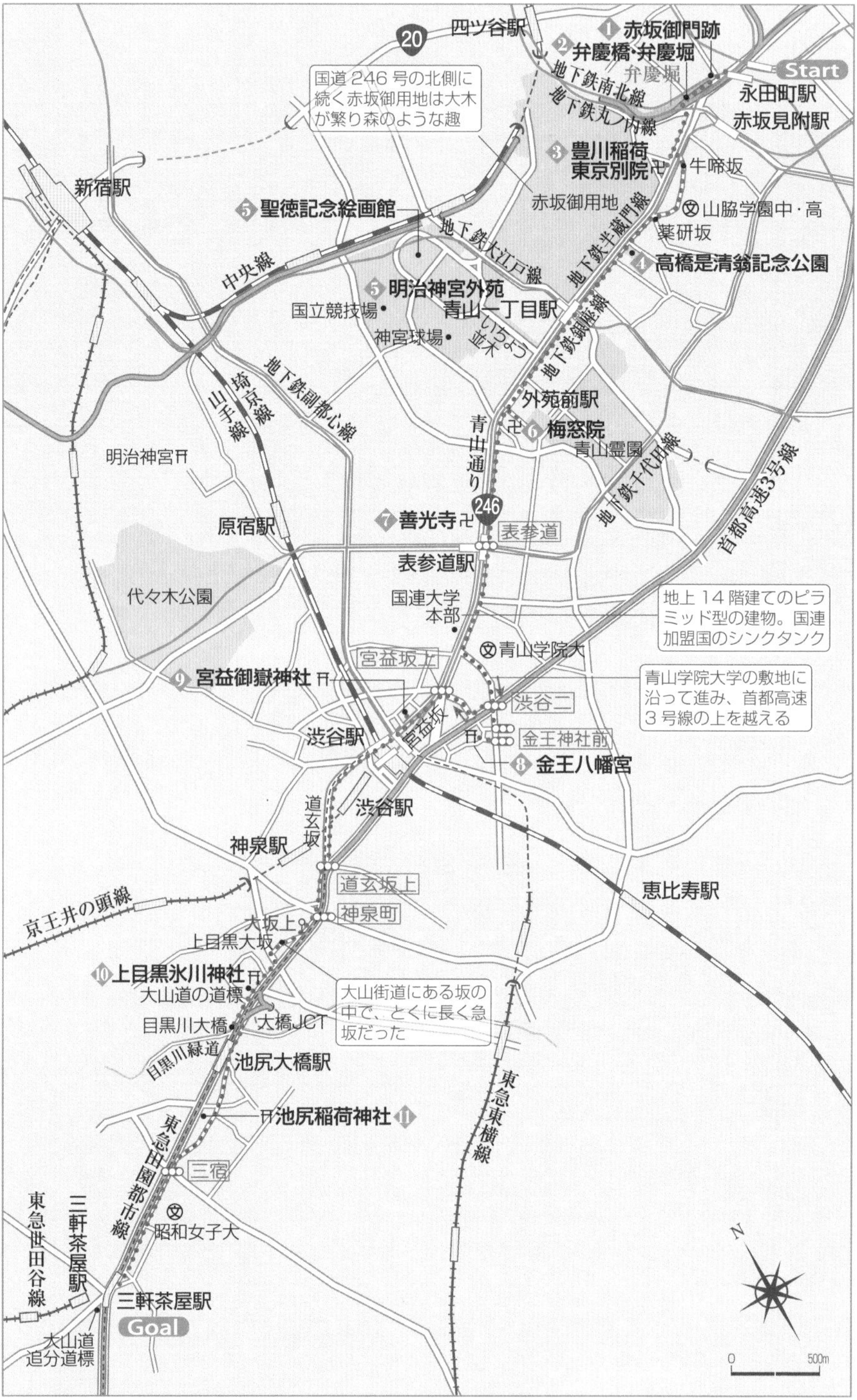

Start
1 赤坂御門跡
四ツ谷駅
20
2 弁慶橋・弁慶堀
弁慶堀
地下鉄南北線
地下鉄丸ノ内線
永田町駅
赤坂見附駅
国道 246 号の北側に続く赤坂御用地は大木が繁り森のような趣
3 豊川稲荷
東京別院
牛啼坂
赤坂御用地
山脇学園中・高
薬研坂
4 高橋是清翁記念公園
新宿駅
5 聖徳記念絵画館
地下鉄大江戸線
地下鉄半蔵門線
中央線
5 明治神宮外苑
青山一丁目駅
国立競技場
神宮球場
いちょう並木
地下鉄銀座線
地下鉄副都心線
山手線
埼京線
外苑前駅
6 梅窓院
青山霊園
青山通り
地下鉄千代田線
首都高速3号線
明治神宮
246
7 善光寺
表参道
原宿駅
表参道駅
代々木公園
国連大学本部
地上 14 階建てのピラミッド型の建物。国連加盟国のシンクタンク
青山学院大
宮益坂上
9 宮益御嶽神社
青山学院大学の敷地に沿って進み、首都高速3号線の上を越える
渋谷二
宮益坂
渋谷駅
金王神社前
8 金王八幡宮
渋谷駅
道玄坂
神泉駅
道玄坂上
恵比寿駅
京王井の頭線
神泉町
大坂上
上目黒大坂
10 上目黒氷川神社
大山道の道標
大山街道にある坂の中で、とくに長く急坂だった
目黒川大橋
大橋JCT
目黒川緑道
池尻大橋駅
池尻稲荷神社 11
東急東横線
東急田園都市線
三宿
昭和女子大
東急世田谷線
三軒茶屋駅
三軒茶屋駅
Goal
大山道追分道標
N
0
500m

国道２４６号沿いに歴史的名所が点在

街道歩きの始まりが❶赤坂御門跡とは、まさに門出で縁起がいい。都内には意外なほど江戸の薫りが残っているものだ。見附とも呼ばれる門の別称は、地下鉄赤坂見附の駅名などに名を残す。

赤坂御門跡～三軒茶屋間の大山街道は、多くが国道２４６号と重なる。❷弁慶橋・弁慶堀は赤坂御門跡から２４６号を１５０ｍほど下ったところだ。江戸城の外濠であった弁慶濠を眺めれば、ボート遊びと釣り客で賑わっていた。

弁慶橋近くの赤坂見附交差点では、赤坂見附交番を左に見る青山通りが国道２４６号。広い通りの右側歩道を行けば５分足らずで❸豊川稲荷東京別院に到着。参詣後、少し戻って国道２４６号を歩道橋で渡り、旧道の牛啼坂（牛鳴坂）を上る。喧噪な国道から一歩入っただけの静けさに驚く。道沿いの山脇学園の先で薬研坂が左へ下っている。

国道２４６号に合流したら左へ。渋谷までの国道沿いには２００ｍほどで左に❹高橋是清翁記念公園、青山２丁目交差点で右に❺明治神宮外苑のイチョウ並木があり、並木の先に❺聖徳記念絵画館の建物が見える。地下鉄外苑前駅３番出口の前に❻梅窓院、表参道交差点手前の細道を北側へ入ると❼善光寺があり、❽金王八幡宮は青山学院大学西側で２４６号から左へ入って５分ほど。ビル街の一角に古社寺が点在し、しかも梅窓院のような広い敷地は意外だ。

金王八幡宮からは宮益坂上の三差路へ出て、三差路を右へ進んで宮益坂を下る。坂の途中の右側にあるのが❾宮益御嶽神社で、小社ながら地元の信仰が篤い。

渋谷駅前でＪＲ山手線をくぐり、スクランブル交差点を過ぎれば、上り道が道玄坂。やや猥雑さもある渋谷周辺一番の繁華街である。

道玄坂上で左から通じる国道２４６号と合流。大坂上バス停の先で斜め右に上目黒大坂を下り、再び国道２４６号に合流。右手高台の❿上目黒氷川神社へ参拝する。参道の石段下に立つ大山街道の道標を確認したら、首都高速道路大橋ＪＣＴの複雑な構造を見上げながら目黒川大橋で目黒川を渡る。

歩道橋で国道２４６号を越え、出光ＧＳの先を左折して旧道へ入ると右側にあるのが⓫池尻稲荷神社。ケヤキやイチョウの大樹が繁る境内は、江戸時代にお休み処として利用された。道はその先で国道２４６号に合流したあと、約７００ｍで東急田園都市線三軒茶屋駅へ着く。

堅固な石垣は江戸城の
出入りを見張った名残

❶赤坂御門跡

あかさかごもんあと

江戸城には外郭と内廓に合計36の門があり、その一つが赤坂御門。高麗門と櫓門を直角に配置した枡形門形式で、寛永16年(1639)の完成。いまは原型をとどめていないが、国道246号を跨いで造られていた。

上／当時の石垣がかぎ型に残り、面影を伝える
下／明治初期の古写真。現在の赤坂見附方面から上っている

高層ビル群に溶け込む緩いアーチ型。擬宝珠をつけた欄干が魅力だ

武蔵坊弁慶とは無縁?!
古風な都心のモニュメント

❷弁慶橋·弁慶堀

べんけいばし·べんけいぼり

橋の名称は、橋を施工した大工の弁慶小左衛門の名が由来。もともとは千代田区神田にあったが、不要になったためこの場所に架け替え。堀の名も橋にちなむ。現在は昭和60年(1985)に改架されたコンクリート橋。

弁慶堀では釣りやボート遊びが楽しめる

たくさんの華やかな提灯が下がる拝殿。福を願う参詣者が絶えない

大岡越前守忠相が守護神として
自邸内にお祀りした吒枳尼真天

③豊川稲荷 東京別院

とよかわいなり とうきょうべついん

本尊の千手観音のほか、福徳の神として尊崇される豊川吒枳尼真天（だきにしんてん）を祀る。愛知県豊川市にある妙厳寺の東京別院。吒枳尼真天は稲荷神の本地仏とされ、白狐に跨る姿のため境内には狐の像があふれる。

東京都港区元赤坂1-4-7

吒枳尼真天にキツネが集まる霊狐塚。
一体ごとに表情が違っていて興味深い

路面が悪い上り坂に荷を引く
牛が泣いたという牛啼坂（牛鳴坂）

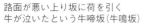

昭和の歴史の
1コマを
体感してほしい

庭園内には聖人の石像が多い。
高橋是清の信条の一端が垣間見える

日本の金融危機を救った名蔵相
2·26事件が起きた自邸跡

④高橋是清翁記念公園

たかはしこれきよおうきねんこうえん

その容貌からダルマ宰相と呼ばれた高橋是清の自邸跡。明治から昭和の財政家・政治家で、日銀総裁や大蔵大臣、総理大臣を歴任。2·26事件で暗殺された。自邸跡は公園として開放され、水路や花木があってくつろげる。

東京都港区赤坂7-3-39

薬研坂は長い坂の中央が低く、
漢方薬を製造する薬研に似ていたのが
名の由来という

石造物と木々が織りなす園内。和風と洋風を兼ね備えたイメージだ

世界が認めた遠近法を用いた
イチョウ並木と絵画館の景観

5 明治神宮外苑《めいじじんぐうがいえん》 聖徳記念絵画館《せいとくきねんかいがかん》

国道246号から外苑中央広場円周道路に至る約300m、146本のイチョウ並木は、樹高順に下り勾配を描くように植えられ、正面に聖徳記念絵画館を望む眺めは遠近法も取り入れて計画的に整備された。

９時～17時／無休／入館500円／東京都新宿区霞ヶ丘町1-1／☎03-3401-5179

左右シンメトリーの聖徳記念絵画館。みかげ石張りの外壁で国の重要文化財

上／黄葉真っ盛りのイチョウ並木。1年で最も人出の多い時だ
左／明治天皇と皇后の昭憲皇太后の事績を描いた80枚の大壁画が並ぶ

青山の地名の由来となった
譜代大名青山氏の菩提寺

6 梅窓院《ばいそういん》

寛永20年(1643)、江戸幕府の譜代大名青山氏の下屋敷に建てられた。寺名はその年に死去した当主の青山幸成の法名にちなみ、山号の長青山は幸成の夫人の法名に由来している。

東京都港区南青山2-26-38

上／両側から金明孟宗竹(きんめいもうそうちく)が覆い、和のイメージを強調した参道
右／長青山の山号を掲げた山門。くぐると開けた境内にイメージが一変

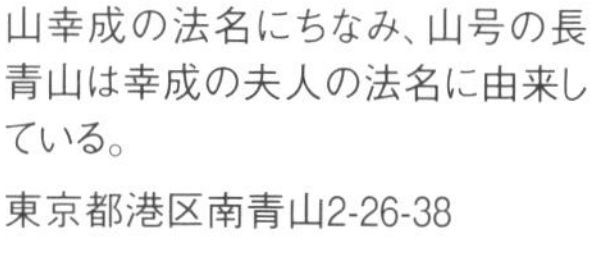

寺院とは異なるイメージの近代的な建物は隈研吾氏の設計

堂々たる重層の本堂。戦災で焼失後、昭和49年（１９７４）の再建

青山百人町に隠れ住んでいた高野長英の記念碑。撰文は勝海舟

華やかな朱塗りの仁王門が印象的
人力車発明記念碑など碑も多い

⑦善光寺《ぜんこうじ》

慶長6年（1601）に信濃善光寺の別院として台東区谷中に尼寺として建てられたのが始まり。本堂の右手には信濃善光寺と同じような真っ暗な堂内を手探りで進み、御本尊様の真下に掛かる「極楽のお錠前」に触れる戒壇巡りがある。

東京都港区北青山3-5-17

渋谷氏の居城跡に立ち
約1000年の歴史を誇る

⑧金王八幡宮《こんのうはちまんぐう》

平安時代後期、後三年の役に勝利した源義家がこの地に八幡宮を勧請。後に渋谷氏の館の渋谷城となる。そこに生まれた金王丸は勇猛果敢。頼朝の命で出兵した義経追討で落命するが、神社の名称に名を残した。

東京都渋谷区渋谷3-5-12

上／社殿は朱や金、緑色などを施した華麗な装い。江戸時代初期、春日局（かすがのつぼね）らが寄進した　左中／境内に渋谷城の「砦の石」が置かれている　左／鳥居の奥に見えるのが通称「赤門」と呼ばれる神門。明和6年（1769）の創建といわれる

坂の途中に立つ御嶽神社の御利益にちなみ、「宮益坂」と呼ばれるようになった

宮益坂の名の由来となった
地域に愛される鎮守様

⑨宮益御嶽神社

みやますみたけじんじゃ

奈良県吉野の金峰神社の分祭社として、室町時代初期に創建されたと伝わる。祭神は日本武尊（やまとたけるのみこと）など四柱。9月の例大祭や11月の酉の市などに露店や熊手の屋台が並んで賑わう。

東京都渋谷区渋谷1-12-16

明治3年（1872）、明治天皇が駒場野練兵場で閲兵の折に神社で小休止

正面奥が拝殿。前に置かれた狛犬は珍しいニホンオオカミ

不動堂の炙り不動は香煙で疫病などを炙り出すという

渋谷駅前から上り坂が500mほど続く道玄坂。上部にケヤキ並木もある

百軒店はかつて道玄坂の賑わいの中心地。懐かしい名曲喫茶も残る

坂の上部にある道玄坂の碑。坂の名の由来などが記されている

目黒川を渡る目黒川大橋。上部を首都高速3号線が通り、窮屈そうだ

護岸整備された目黒川。川沿いに桜並木が続いている

目黒川大橋の上流は暗渠になり、目黒川緑道として整備されている

富士山の夏山開山日に
いまも富士登山が行われている

⑩上目黒氷川神社

かみめぐろひかわじんじゃ

天正年間(1573〜1592)に武田信玄の家臣が山梨の上野原から産土(うぶすな)の大神をこの地に勧請したと伝わる。境内には富士山信仰にちなむ浅間神社があり、登山道も造られている。かつては境内から富士山が見えたという。

東京都目黒区大橋2-16-21

神社下に登り口がある富士登山道。いまも7月1日の富士浅間神社例大祭に富士登山としてこの道が登られている

参道石段下にある大山街道の道標は天保13年（1842）のもの。左は本社拝殿

大山街道歩きの旅人が
霊水で喉の渇きを潤した

⑪池尻稲荷神社

いけじりいなりじんじゃ

旧池尻村、池沢村の産土神として創建され、「火伏の稲荷」「子育ての稲荷」として信仰が篤かった。境内に湧水があったため、大山街道歩きの旅人が休息した。いまも手水舎の背後にある蛇口から地下水が汲める。

東京都世田谷区池尻2-34-15

見事な唐破風の拝殿。昭和5年（1930）の建立

現在は国道246号に面した側が正面の入り口で石鳥居が立つ

豪徳寺は井伊家の菩提寺。ネコのタマ伝説が残る

Course No. 2

三軒茶屋▼二子玉川

史跡の多い旧道とサザエさんに会える新道

歩行距離 約9.2km
(新町・行善寺コース7.5km)

約2時間15分
(新町・行善寺コース1時間50分)

歩数 約1万3000歩
(新町・行善寺コース1万歩)

Start 三軒茶屋駅
東急田園都市線・世田谷線
▼
2 駒留八幡神社
▼
3 松陰神社
▼
4 豪徳寺
▼
5 世田谷城址公園
▼
6 世田谷代官屋敷・世田谷区立郷土資料館
▼
9 瀬田玉川神社
▼
Goal 二子玉川駅
東急田園都市線・大井町線

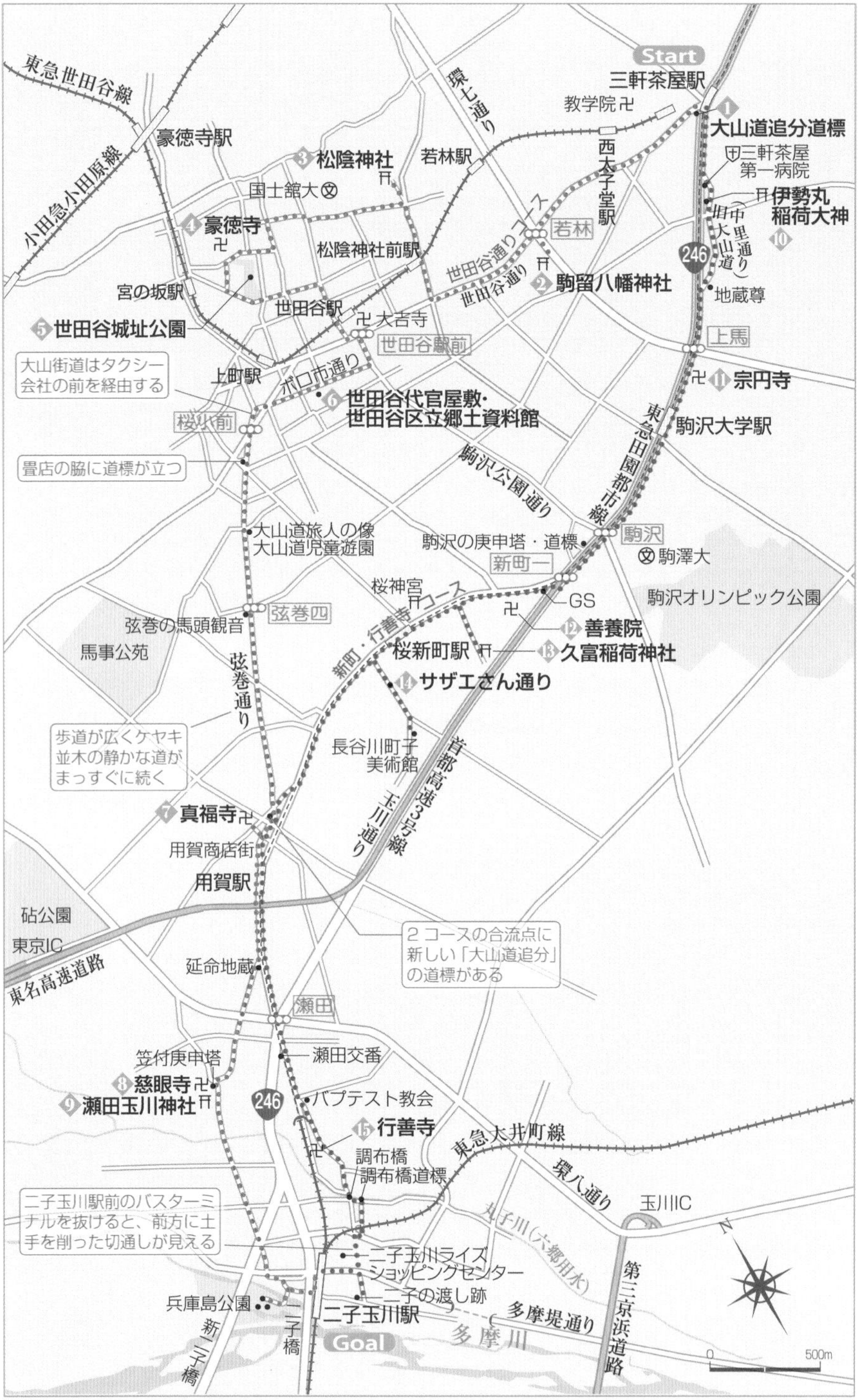
Start
三軒茶屋駅
教学院
1 大山道追分道標
三軒茶屋第一病院
伊勢丸稲荷大神
旧大山道（中里通り）
10
246
地蔵尊
東急世田谷線
豪徳寺駅
小田急小田原線
3 松陰神社
環七通り
若林駅
西太子堂駅
国士舘大
4 豪徳寺
松陰神社前駅
若林
世田谷通りコース
世田谷通り
2 駒留八幡神社
宮の坂駅
世田谷駅
大吉寺
5 世田谷城址公園
世田谷駅前
上馬
11 宗円寺
大山街道はタクシー会社の前を経由する
上町駅
ボロ市通り
6 世田谷代官屋敷・世田谷区立郷土資料館
桜小前
東急田園都市線
駒沢大学駅
畳店の脇に道標が立つ
駒沢公園通り
大山道旅人の像
大山道児童遊園
駒沢の庚申塔・道標
駒沢
駒澤大
新町一
桜神宮
GS
駒沢オリンピック公園
弦巻四
弦巻の馬頭観音
12 善養院
新町・行善寺コース
桜新町駅
13 久富稲荷神社
馬事公苑
弦巻通り
14 サザエさん通り
歩道が広くケヤキ並木の静かな道がまっすぐに続く
長谷川町子美術館
首都高速3号線
玉川通り
7 真福寺
用賀商店街
用賀駅
砧公園
東京IC
東名高速道路
2コースの合流点に新しい「大山道追分」の道標がある
延命地蔵
瀬田
笠付庚申塔
瀬田交番
8 慈眼寺
9 瀬田玉川神社
246
バプテスト教会
15 行善寺
東急大井町線
調布橋
調布橋道標
環八通り
二子玉川駅前のバスターミナルを抜けると、前方に土手を削った切通しが見える
玉川IC
丸子川（六郷用水）
N
二子玉川ライズ・ショッピングセンター
第三京浜道路
二子の渡し跡
兵庫島公園
新二子橋
二子橋
二子玉川駅
多摩堤通り
Goal
多摩川
0
500m

吉田松陰と井伊直弼 行善寺八景がポイント

三軒茶屋からコースは2つに分かれる。世田谷通りコースと新町・行善寺コースである。世田谷通りコースは大きな寺社や茅葺きの建物などがあり、昔の味わいを残す。新町・行善寺コースは国道246号経由で国分寺崖線上を通り、現代の賑わいと旧来の静けさがある。

まずは世田谷通りコースから歩こう。スタートの三軒茶屋交差点で❶大山道追分道標を確認し、世田谷通りを歩いて環七通りとの交差点で左折。❷駒留八幡神社に立ち寄る。

世田谷通りに戻り、松陰神社前駅方面へ右折すれば、商店街を直進して❸松陰神社に突き当たる。ここに吉田松陰の墓がある。続いて訪ねる❹豪徳寺には井伊直弼の墓がある。安政の大獄で弾圧された側とした側。その2人が1kmも離れない地に眠るというのは歴史の悪戯《いたずら》か。

中世に吉良氏の館であった❺世田谷城址公園を経て❻世田谷代官屋敷・世田谷区立郷土資料館へ。代官屋敷の茅葺き屋根が美しい。

弦巻通りを進み、坂を下れば用賀の商店街。街道から右手に赤い山門が見える寺が❼真福寺。歩を進めて延命地蔵の三差路で右に行けば台地上に❽慈眼寺と❾瀬田玉川神社が隣り合う。どちらも戦国期まで瀬田を領していた長崎氏ゆかりの寺社である。そこから二子玉川駅まで坂を下って15分だ。

新町・行善寺コースは三軒茶屋交差点から国道246号経由で中里通りへと進む。旧道らしい趣があり、道ばたに❿伊勢丸稲荷大神や小さな地蔵堂が見られる。⓫宗円寺ではしょうづかの御婆様にお参りしていこう。

新町一丁目交差点で右に道を取ると、左側に⓬善養院と⓭久富稲荷神社があり、道からやや奥まった場所に本堂や社殿を構えている。この辺りには、江戸時代初期の短冊形の地割が残っている。桜新町では⓮サザエさん通りを散策し、長谷川町子美術館へも立ち寄るといい。

用賀商店街で世田谷通りコースと合流したあと、延命地蔵のある三差路で別れる。瀬田交番前を左に入れば静かな住宅街の道だ。ここは国分寺崖線上の高台であり、遠望が利く。崖線上にある⓯行善寺も「行善寺八景」という眺めで知られ、冬の晴れた日は大山や富士山、丹沢山塊から秩父連山まで見渡せる。

行善寺坂を下り、二子玉川駅前へ。ひと足延ばして多摩川の河原で広々した風景を楽しんでいきたい。

現在の三軒茶屋のランドマークとなっているキャロットタワー

総高2mほどの道標
見事さは街道一番!

❶大山道追分道標《おおやまみちおいわけどうひょう》

三軒茶屋の交差点に立つ。正面に「左相州通 大山道」、側面に「右富士 登戸世田谷通」と彫られ、大山街道の新旧道を分けている。左が江戸中期以降に人気となった新道である。上部に不動明王がのる。

東京都世田谷区三軒茶屋2-13

寛延2年(1749)の建立。昭和59年(1984)にこの位置に戻った

境内社の厳島神社。世田谷城主吉良頼康の側室の常磐を祀る

乗った馬を自由に歩かせ
留まった場所が駒留

❷駒留八幡神社《こまどめはちまんじんじゃ》

徳治3年(1308)、この地方の領主であった北条左近太郎成願が、八幡大神を勧請して社殿を建立した。駒留の社名は成願が馬を放ち、その馬が止まったところに社を建てたとの言い伝えによる。

東京都世田谷区上馬5-35-3

鳥居から真っすぐに延びる参道。正面に唐破風の拝殿がある

お耳拝借 1 omimihaisyaku

❖三軒茶屋《さんげんちゃや》

大山道の本道(現在の世田谷通り)と新道(現在の国道246号・玉川通り)の分岐に大山道追分道標が立つ。この交差点の世田谷通り沿いに、三軒茶屋という名の由来を記す碑がある。碑文には、かつてこのあたりに「信楽」「田中屋」「門屋」という3軒の茶屋があり、これが地名の由来とある。江戸時代は大山詣でや多摩川行楽の人々で賑わい、明治以降は店も増え、明治30年(1897)には玉川電車(現在の東急世田谷線)も開通し、盛り場として栄えたという。

玉川電車が走り、旅籠「石橋楼」が立つ明治時代の三軒茶屋

往時の地図とともに由来を書いた碑が立つ

参道の正面に壮大な拝殿と本殿がある

山口県萩の松下村塾を模して造られた松下村塾もあり、松陰の偉業が偲ばれる

幕府の弾圧に負けず
多くの勤王の志士を育てた

③松陰神社《しょういんじんじゃ》

幕末の思想家で教育者の吉田松陰を祀る。明治15年(1882)の創建。境内に松陰の墓をはじめ、伊藤博文や山形有朋などゆかりの人々が奉納した石燈籠、模築された松下村塾などがあり、参道では松陰像が見守っている。

7時～17時／無休／東京都世田谷区若林4-35-1／☎03-3421-4834

猫に救われた井伊直孝
招福猫児の伝説が境内に人を招く

④豪徳寺《ごうとくじ》

滋賀県の彦根藩2代藩主・井伊直孝が再興した寺。直孝が寺の前に来た時、寺の飼いネコのタマに呼ばれて豪雨と落雷を避けることができたとの話が伝わる。井伊家の菩提寺であり、井伊家の墓所には13代直弼(なおすけ)の墓もある。

6時~17時／無休／東京都世田谷区豪徳寺2-24-7／☎03-3426-1437

招福殿の奉納所には招き猫があふれるほど奉納されている

上／仏殿の横にある招福殿。福を願う参拝者が絶えず訪れる
上左／井伊直弼の墓。このほか墓所には5人の藩主の墓がある

土塁や空堀の跡と推定される部分が残されている

高みになった公園の入り口。郭の一つがあったと思われる

中世の吉良氏の居城
8カ所以上の郭があった

⑤世田谷城址公園

せたがやじょうしこうえん

中世にこの地を治めた世田谷吉良氏の居城跡。14世紀後半から200年以上の歴史を刻んだが、小田原北条氏に味方していたため、豊臣秀吉の小田原攻略に伴って廃城となった。土塁や空堀の跡が確認できる。

東京都世田谷区豪徳寺2-14-1

遺跡紹介から昭和まで
世田谷の歴史を知る

⑥世田谷代官屋敷・世田谷区立郷土資料館

せたがやだいかんやしき・せたがやくりつきょうどしりょうかん

世田谷の代官だった大場氏の居宅兼代官役所。取り調べをした白州の跡も残っている。隣接する世田谷区立郷土資料館は古代から現代に至る世田谷をパネルやジオラマで紹介。大山詣りの奉納太刀や大山講の展示もある。

9時～17時／月曜、祝日（月曜の場合は火曜も）休／入館無料／東京都世田谷区世田谷1-29-18／☎03-3429-4237

大吉寺は作家の寺内大吉氏の生家。江戸時代の有職故実（ゆうそくこじつ）家・伊勢貞丈の墓がある

左／代官屋敷は江戸時代中期の建築。茅葺き寄棟造り　下／代官屋敷前で開かれていたボロ市のジオラマ

用賀の名の由来になった山号
ヨガ教室もある開かれた寺

7 真福寺《しんぷくじ》

16世紀中頃の創建。開基の飯田図書（ずしょ）は小田原北条氏の家臣で、用賀の村を開いた人。朱塗りの山門があるため、赤門寺とも呼ばれる。山号の瑜伽山（ゆがさん）は用賀の地名のもとになった。ヨガ教室も行っている。

東京都世田谷区用賀4-14-4

キセルを持って休息する大山道旅人の像。昭和60年（1985）に建てられた

上／唐破風の本堂。境内に江戸時代中期の宝篋印塔が立ち、六地蔵が見守る
右／寺としては珍しい赤門が印象的な真福寺

本堂左手前に立つ芭蕉句碑。「道の辺の木槿（むくげ）は馬に喰われけり」とある

慈眼寺前に立つ笠付庚申塔。元禄10年（1697）の建立

延命地蔵は慈眼寺方面と行善寺方面の分岐点に立っている

領主の長崎氏が開いた
瀬田で最古の寺

⑧慈眼寺《じがんじ》

徳治元年(1306)の開山で、瀬田では最古の寺。崖下の小堂であったものを、天文2年(1533)に瀬田の地を治める長崎氏がこの地に移して祈願寺とした。堂々とした山門と本堂は昭和50年(1975)に再建されたもの。

東京都世田谷区瀬田4-10-3

上／真言宗の寺。本堂に大日如来を安置する
下／山門内の4室に安置されているのは四方を守る四天王

旧瀬田村の村社
高台の古墳上に立つ

⑨瀬田玉川神社

せたたまがわじんじゃ

16世紀中期に勧請され、江戸時代初期に長崎四郎右衛門嘉国がこの地に遷座した。当初は御嶽神社という社名だったが、明治41年(1908)に八幡神社や熊野神社など近隣の数社を合祀して玉川神社と改称している。

東京都世田谷区瀬田4-11-31

朱塗りで唐破風の壮麗な社殿。昭和43年(1968)の完成

木々の多い境内。大山の夏山の時期には手前の石燈籠の前に大山燈籠が立つ

台地の尾根道を通る近道ルート

新町・行善寺コース

江戸時代中期、庶民の中で大山詣りが人気になると、三軒茶屋から新町～行善寺を通るコースが主要ルートになった。従来の上町～慈眼寺コースよりもアップダウンがなく距離も短かったからだ。行楽を兼ねての爆発的流行にこたえた道だった。

大山街道は中里通りを通る。ビルが立ち並ぶが、古道らしい落ち着きが残っている

境内を囲むように赤い幟が林立する

地元の信仰が篤い
小さなお稲荷さん

⑩伊勢丸稲荷大神《いせまるいなりおおがみ》

駐車場の背後にひっそりと立つ。京都伏見稲荷が総本社の五穀豊穣・商売繁盛の神であるだけに、地元の中里通り商店街の信仰が篤い。境内に大山道と彫られた丸石が置かれている。境内の横の細道は蛇崩川を暗渠にした蛇崩川緑道。

東京都世田谷区三軒茶屋1-22-3

瓦屋根の小ぢんまりした本堂。駒留八幡宮の別当寺でもあった

しょうづかの御婆様が
百日咳を止めるという

⑪宗円寺《そうえんじ》

鎌倉時代後期に創建された寺。山門を入った左手の小堂に祀られる「しょうづかの御婆様」は百日咳の治癒に霊験があるとされる婆。植え込みの中には明暦4年（1658）建立の三猿庚申塔が立ち、七福神像が祀られている。

東京都世田谷区上馬3-6-8

本堂の右手奥に七福神を安置した小径が作られている

駒沢の庚申塔・道標は旧駒沢と新町を区切る「境の庚申」

豪徳寺2世の門解蘆関が開山
歌手の春日八郎の墓がある

⑫善養院《ぜんよういん》

豪徳寺の末寺として江戸時代初期に創建された曹洞宗の寺。本堂は豪徳寺の境内にあった井伊家の墓参者の休憩所または経蔵だったといわれる。境内には石造りの供養塔や地蔵像が多く、墓地に歌手の春日八郎の墓がある。

東京都世田谷区新町2-5-12

右／石畳の細い参道を行くと唐破風の山門がある　左／昭和10年（1935）建築の本堂は世田谷区の登録有形文化財

6月には社殿前に無病息災や厄除け、家内安全を願う茅の輪が設けられる

聞いてみたいフクロウの声
フクロウのお守りもある

⑬久富稲荷神社《ひさとみいなりじんじゃ》

400年以上前に鎮座したと伝えられ、旧新町村の鎮守として尊崇された。境内にフクロウの像があるのは、かつてこの寺の境内に住み着いていたフクロウの姿を見たり声を聴いたりすると願いが叶うという噂によるもの。

東京都世田谷区新町2-17-1

上／社殿前の入り口。稲荷社らしく赤い幟が林立する　左／大山街道側の入り口。いくつもの鳥居をくぐる長い参道が続く

上／大鳥居が力強い桜神宮。最近はパワースポットとして人気がある
左／桜神宮の境内は河津桜の木が多く、縁結びの木には願い事がいっぱい

商店街の三差路で、サザエさんが町を見守るように立っている

買い物で賑わう商店街
サザエさん一家がお出迎え

⑭サザエさん通り

さざえさんどおり

『サザエさん』の作者である長谷川町子が近くに住んでいたために名前をもらった商店街。町にサザエさんのイラストがたくさんある。通り沿いにある長谷川町子美術館は、町子と姉の毬子が収集した美術品を展示する。

東京都世田谷区桜新町1丁目

サザエさん通りを挟んで長谷川町子記念館もある

歩道の手すりにはサザエさん一家の顔が一人ずつ描かれている

玉川の町を見下ろす高台
富士山も大山も一望

⑮行善寺《ぎょうぜんじ》

享禄2年（1529）に創建されたと伝わる。その後に瀬田の地を治めた長崎氏によって庇護され、長崎氏の菩提寺となった。寺の場所は国分寺崖線の高台上で、本堂裏手からは多摩川方面の眺めがいい。ここからの眺めは「行善寺八景」と呼ばれる。

東京都世田谷区瀬田1-12-23

木立に包まれた趣のある山門と境内。
この地は菩提寺とした長崎氏の屋敷跡でもある

本堂裏手から見下ろす玉川の町。冬の晴天時は富士山や大山も見える

境内にあるヒノキの大樹。世田谷区の保存樹木になっている

丸子川沿いに立つ調布橋道標。
「南 大山道」などが読み取れる

話題の店がそろう
二子玉川ライズショッピングセンター

丸子川はかつて六郷用水と呼ばれ
農業用水として田を潤した

二ヶ領用水に架かる大石橋。柳や桜の並木が続く

Course No. 3

二子玉川▶荏田

蔵造りが残り宿場ムード漂う二子・溝口

歩行距離 約11.4km

約2時間50分

歩数 約1万5200歩

Start 二子玉川駅
東急田園都市線・大井町線

▼

2 岡本かの子文学碑

▼

5 大山街道ふるさと館

▼

6 溝口神社

▼

11 宮崎大塚古墳

▼

13 不動滝・老馬鍛冶山不動尊

▼

15 真福寺

▼

Goal 江田駅
東急田園都市線

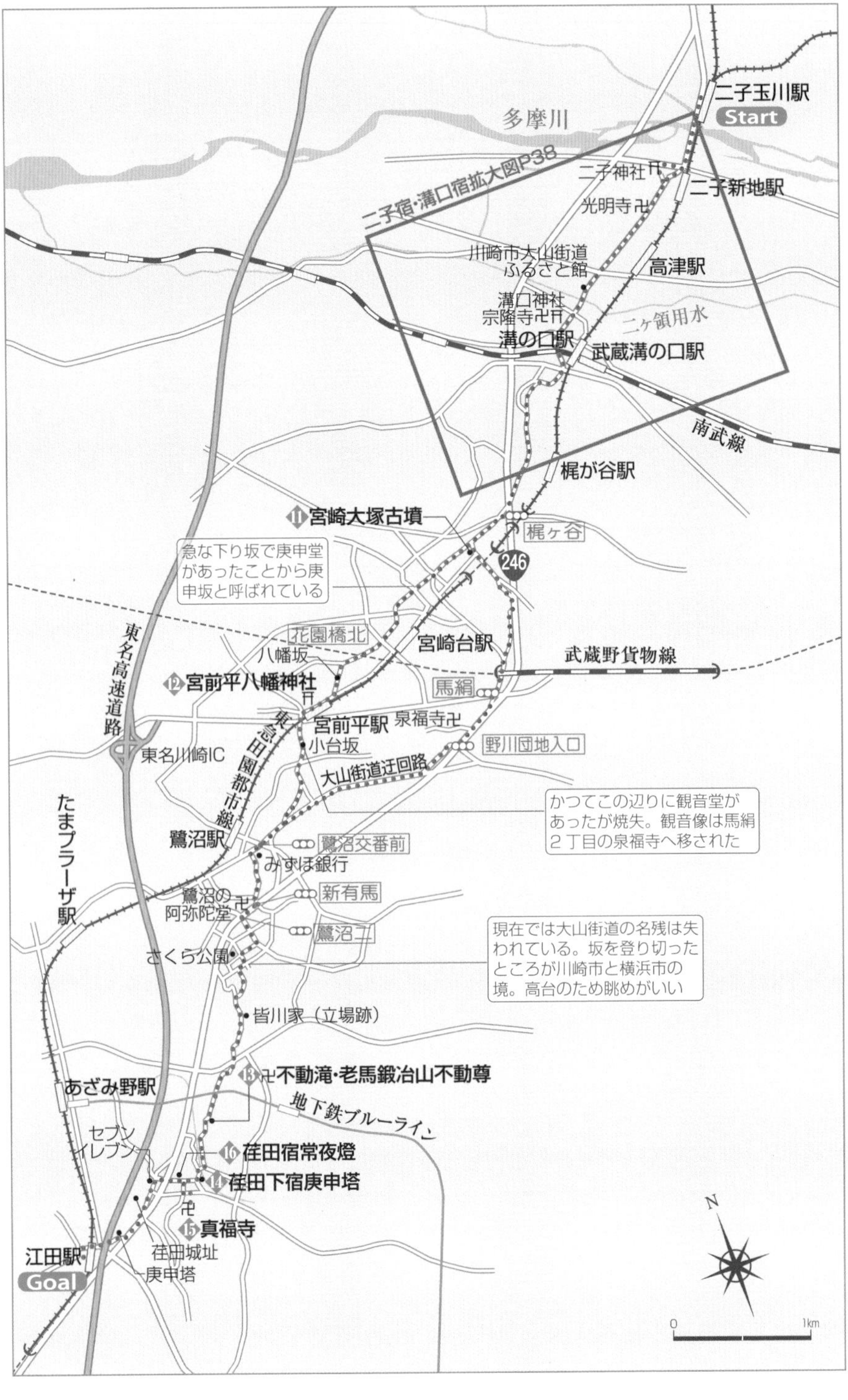

二子玉川駅
Start
多摩川
二子宿・溝口宿拡大図P38
二子神社
二子新地駅
光明寺
川崎市大山街道
ふるさと館
高津駅
溝口神社
宗隆寺
二ヶ領用水
溝の口駅
武蔵溝の口駅
南武線
梶が谷駅
11 宮崎大塚古墳
梶ヶ谷
246
急な下り坂で庚申堂
があったことから庚
申坂と呼ばれている
花園橋北
宮崎台駅
八幡坂
12 宮前平八幡神社
武蔵野貨物線
馬絹
東名高速道路
宮前平駅
泉福寺
東急田園都市線
小台坂
野川団地入口
東名川崎IC
大山街道迂回路
かつてこの辺りに観音堂が
あったが焼失。観音像は馬絹
2丁目の泉福寺へ移された
たまプラーザ駅
鷺沼駅
鷺沼交番前
みずほ銀行
鷺沼の
阿弥陀堂
新有馬
鷺沼二
さくら公園
現在では大山街道の名残は失
われている。坂を登り切った
ところが川崎市と横浜市の
境。高台のため眺めがいい
皆川家（立場跡）
13 不動滝・老馬鍛冶山不動尊
あざみ野駅
地下鉄ブルーライン
セブン
イレブン
16 荏田宿常夜燈
14 荏田下宿庚申塔
15 真福寺
江田駅
Goal
荏田城址
庚申塔
N
0
1km

多摩川を渡って二子宿へ
宿場を偲ぶ史跡が点在

多摩川は大山街道有数の難所であった。渇水期の冬は川に仮橋も架かったが、夏は渡し船に行列ができたことだろう。それを解消したのが大正時代にできた二子橋だった。歩いて10分もかからずで多摩川を越えてしまう。二子橋交差点脇に立つ❶二子橋の親柱を見ると、堂々とした姿に喜びと誇りが込められているようだった。

さて橋ができる以前、二子宿に着いた旅人はホッとしたことだろう。二子神社に参拝し、宿場でしばしの休息を取った。現在の旅人も神社境内にある❷岡本かの子文学碑を見てひと休み。かの子の出身地は二子だったのかと感慨にふける。かの子の実家である大貫家ゆかりの❸光明寺も近い。

現在の❹二子宿・溝口宿は約１・３㎞も続く商店街だ。昭和の薫りがするクラシックな通りで、江戸・明治から続く商店も散在する。街灯に「大山街道」の文字があり、電柱に大山街道のステッカーを貼って歴史の道を伝えているのがいい。商店街の半ば過ぎにある❺大山街道ふるさと館は、その興味にしっかり答えてくれるところ。二子・溝口の古写真で昔を知らせ、パネルで細かな大山街道の解説をする。宿場の西寄りにある❻溝口神社や❼宗隆寺の解説もある。なるほど、溝口神社は溝口村の総鎮守で、宗隆寺はもともと天台宗だったのか。

溝口宿の西端となる栄橋で❽さかえ橋の親柱石を見て、東急田園都市線とＪＲ南武線が交わる溝口駅前にある❾片町の庚申塔・浜田庄司生誕地碑を過ぎれば、街道は住宅地へと入る。ねもじり坂を上った上にあるのは❿笹の原子育て地蔵。子宝の願いをかけ、授かったお礼に建てたという地蔵堂だ。

国道２４６号を越え、５分ほどで民家の庭続きに盛り上がる小山を発見。⓫宮崎大塚古墳である。発掘調査はまだだが、古墳マニアの間では知られた古墳のようだ。

アップダウンを繰り返しながら田園都市線宮前平駅前の⓬宮前平八幡神社と、横浜市営地下鉄をくぐった先で⓭不動滝・老馬鍛冶山不動尊に参拝。ここまで来れば荏田宿が近い。

荏田宿は江戸を立って１日目の宿として利用が多かった。下宿、中宿、上宿に分かれ、下宿の入口に立つのが⓮荏田下宿庚申塔。⓯真福寺は上宿にあった寺だ。そして中宿に位置するのが⓰荏田宿常夜燈。３つの宿場に関わりのある史跡を巡ってゴールの江田駅へ向かう。

シンプルで美しい
みかげ石の親柱

多摩川の土手に立つ二子の渡しの碑。春から秋の利用で渇水期の冬は仮橋が架けられた

江戸・明治は船で渡り
大正になって架橋された

❶二子橋の親柱

ふたこばしのおやばしら

江戸幕府は防衛のために多摩川に橋を架けず、明治以後も一般人用と馬渡し用の2種類の渡船で渡河を行ってきた。二子橋ができたのは大正14年（1925）。全長約440m、幅員約11mで、歩行者、自動車、鉄道が併用していた。

神奈川県川崎市高津区二子1丁目

境内に文学碑が立つ二子神社は江戸時代初期の創建

大空に鶴が飛び立つような姿。建設は昭和37年（1962）

かの子が愛した多摩川畔に
息子の太郎が偲んで立てた

❷岡本かの子文学碑

おかもとかのこぶんがくひ

歌人で作家の岡本かの子の実家が高津区二子にあったため、二子神社境内に記念碑を建てた。作者は息子で芸術家の岡本太郎で、題名は「誇り」。台座設計に丹下健三が関わり、撰文は文芸評論家の亀井勝一郎、書が川端康成という豪華メンバーだ。

神奈川県川崎市二子1-4-1

二子神社の参道入り口に、かつては夏に大山灯籠が建てられた

商店街の街灯にも「大山街道」の表示があった

二子二丁目公園は岡本かの子の実家があったところ

瓦屋根の山門をくぐって境内へ。
墓地には岡本かの子の兄の大貫雪之助の墓がある

左／墓地内に茂るクスノキの大樹。20mもありそうだった
下／瓦屋根、宝形造の本堂は文化9年（1812）の再建といわれる

岡本かの子の実家の大貫家の菩提寺

③光明寺《こうみょうじ》

慶長6年（1601）、甲斐武田氏の家臣小山田宗光が出家して宗専を名のり、開基した寺。多摩川の川岸にあったものを江戸時代初期に現在地に移転した。クスノキなど3本の大木があり、いずれも川崎市の指定保存樹。

神奈川県川崎市高津区二子1-10-10

蔵造りの商家など
街道沿いに明治建築が点在

❹二子宿・溝口宿《ふたごじゅく・みぞのくちじゅく》

2つの宿駅は、どちらも寛文9年（1669）に継立場に指定されている。二子神社付近からJR武蔵溝の口駅近くの栄橋まで、若干の間隔を空けて両宿が並んでいた。灰吹屋（はいふきや）は江戸時代から続く薬店で、明治以後の蔵造りの家も残る。

神奈川県川崎市高津区二子・溝口

江戸時代から続く薬店・灰吹屋の蔵。令和２年に修復した

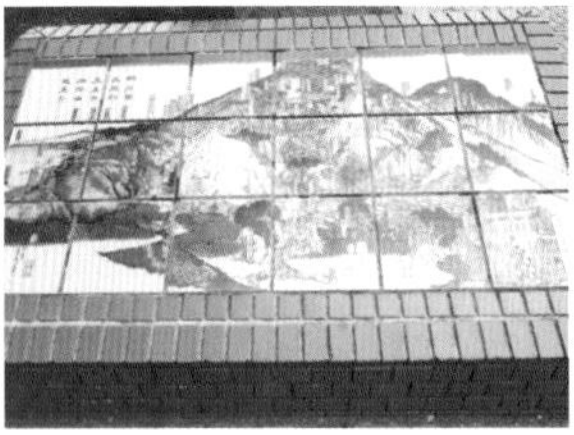

大山小径にある大山詣での絵タイル。大山寺などが描かれている

明治30年（1897）に溝口を訪れた国木田独歩の碑。題字は島崎藤村が書いた

明治時代に建築された蔵造りの田中呉服店は往時の景観を残す

左／大きな納太刀を展示する1階の展示スペース
下／白壁の外観。正面に「大山街道ふるさと館」の名称が見える

漁具、燭台、椀類など、昭和以前の生活用品を展示

パネルや古写真、日用品で
二子宿と溝口宿の歴史を解説

❺大山街道ふるさと館

おおやまかいどうふるさとかん

二子宿・溝口宿を中心に、大山街道を紹介する展示館。古い町並み写真や食器、衣類などの日用品を展示し、各地の大山街道の紹介などもある。2階に談話室があり、大山街道歩きの勉強と休憩にもいい。

10時～17時／無休／入館無料／神奈川県川崎市高津区溝口3-13-3／☎044-813-4705

溝口村の総鎮守
勝海舟揮毫の大幟もある

❻溝口神社

みぞのくちじんじゃ

宝永5年(1709)に創建されたと伝わる溝口村の総鎮守。境内に古木が多く、樹齢500年以上のケヤキ、300年以上のクスなどを巡る参拝順路がある。社宝の大幟は勝海舟が揮毫したもの。正月三が日に掲げられる。

神奈川県川崎市高津区溝口2-25-1

上／木々の多い参道。道沿いに水神社、水道組合碑がある
右上／屋根の反りが印象的な拝殿。本殿には天照大神を祀る
右下／親子が参詣する姿に地元に根付いた神社であることがわかる

芭蕉句碑に浜田庄司の墓 街道歩きに趣を添える寺

❼宗隆寺《そうりゅうじ》

明和3年（1766）建築の山門が古い。くぐると正面に本堂があり、左手に宗祖日蓮と鬼子母神を祀る祖師堂が立つ。祖師堂への石段横には芭蕉句碑もある。益子焼の陶芸で知られる浜田庄司の墓がある。

神奈川県川崎市高津区溝口2-29-1

上／山内で一番古い建築物である山門
右／植え込みの中に立つ芭蕉句碑。江戸後期、灰吹屋の主人が建てた

日蓮宗の寺で、本堂前に「南無妙法蓮華経」を刻んだ題目碑が立つ。10月のお会式が華やかだ

お耳拝借 2

omimihaisyaku

❖二ヶ領用水《にかりょうようすい》

大山街道溝口宿に、橋桁の四隅を石灯籠で飾った大石橋が架かる。下を流れるのは二ヶ領用水。徳川家康の命を受けた用水奉行小泉次太夫が、14年の歳月をかけて慶長16年（1611）に完成させた。上河原と宿河原の2カ所から多摩川の水を引き入れ、周辺一帯を灌漑したものだ。用水は4つの堀に分水されていたが、正確な水量が測れず水争いが絶えなかった。そこで、用水をサイホンの原理であふれさせ、4つの用水堀に均等の分水する久地円筒分水が造られた。

久地円筒分水は昭和16年（1941）の建造で国の重要文化財に指定されている

二ヶ領用水沿いには桜並木が続き、散策路も整備されている

当初は木橋で、現在の親柱は石橋になった時のもの。周辺開発の際に掘り出された

水路が巡っていた時代を思い起こさせる記念物

⑧さかえ橋の親柱石

さかえばしのおやばしらいし

溝口宿の南端にあったさかえ橋。ここを流れていた平瀬川と根方堀(二ヶ領用水)が交差するこの場所に架かっていた。溝口上宿と下作延村片町の境で「境橋」だったとする説もある。川は暗渠になったが、舗装跡が見て取れる。

神奈川県川崎市溝口2-6

庚申塔は生花が供えられ、覆う堂宇もまだ新しい

疫病の侵入防止を願った庚申塔と溝口生まれの陶芸家の顕彰碑

⑨片町の庚申塔・浜田庄司生誕地碑

かたまちのこうしんとう・はまだしょうじせいたんちひ

溝口と片町の境で十字路に立ち、道標になっていた。青面金剛が邪鬼を踏みつける図柄が彫られている。かたわらには、溝口の生まれの益子焼陶芸家・浜田庄司の浜田庄司生誕地碑がたち、碑には「巧匠不留跡」と彫られている。

神奈川県川崎市高津区下作延309先

大きな顕彰碑は川崎西ロータリークラブが建てた

イチョウの下に立つ地蔵堂。扉が閉ざされ直接拝観できず残念

お礼の地蔵を安置 手前に石碑が集まる

⑩笹の原子育て地蔵

ささのはらこそだてじぞう

T字路の角に堂宇が立つ。子供のいない夫婦が願をかけ、四国八十八カ所を巡礼したところ、子を授かったのでお礼に建てたという。地蔵堂の左手前に立つ小さな地蔵は太平洋戦争の空襲で死んだ子どもたちを弔うもの。

神奈川県川崎市高津区末長1-7

赤い衣の地蔵。台石に5歳、11歳など子供の名がある

6世紀後半の大型古墳
戦時中は高射砲陣地か

⑪宮崎大塚古墳

みやざきおおつかこふん

6世紀後半の古墳と考えられている。南北辺が27.2m、東西辺が24.8m、高さ約4.7mの方墳。近隣の古墳と比べて大型であり、この地域の主墳的存在といえる。太平洋戦争中、墳丘上に高射砲陣地が置かれたとの話も伝わる。

神奈川県川崎市宮前区宮崎175

上／登り口には門のように両側に桃の木が植えられている
左／墳丘上に置かれている石碑。測量の際の経度・緯度・標高の基準になる三角点もある

旧馬絹村小台地区の守り神
稲荷神社も併存する

⑫宮前平八幡神社

みやまえだいらはちまんじんじゃ

創建年代は不明だが、明治時代に馬絹神社に合祀され、昭和44年(1969)に改めて現在地に社殿を建設した。境内が旧馬絹村と旧土橋村にまたがり、社殿には両村のご神体を祀る。参道石段の途中に庚申塔がある。

神奈川県川崎市宮前区宮前平2-15-12

右上／斜面を利用した境内は本殿へと急な石段が続く
上／石段途中の庚申塔。正徳4年(1714)の銘がある

長い階段を上った山上にある本殿。右隣は小台稲荷神社

小ぢんまりした不動堂。絵馬が飾られ、中央に不動明王が祀られる

国道246号沿いに立つ鷺沼の阿弥陀堂。地蔵尊も祀られている

小さな不動尊と湧水の滝水
民間信仰が生きている

⑬不動滝・老馬鍛冶山不動尊

ふどうたき・ろうばかじやまふどうそん

崖の斜面に立つ不動尊の下に湧水があり、管を使って滝として落としている。不動尊は雨乞いにご利益があるとされ、滝水は百日咳にも有効という。滝上に不動堂がある。老馬は「牢場」であり、出入り口の狭い地域のことをいった。

神奈川県横浜市都筑区中川3-14

木々で覆われた薄暗い一画。湧水を汲みに来る人もいる

小ぢんまりした堂宇は平成26年に改築されたもの

堂内には青面金剛像と地蔵の2体が祀られている

荏田宿の入り口を守る庚申像
200年以上前に建てられた

⑭荏田下宿庚申塔

えだしもじゅくこうしんとう

寛政5年(1793)、荏田下宿の婦人たちによって建てられた。いまも生花や供え物が絶えず、清掃が行き届き、地域で守られていることがわかる。草履が備えられているのは、いつまでも健脚であることを願うもの。

神奈川県横浜市青葉区荏田町380

横浜市の名木に指定される
大きなカヤの木が目印

⑮真福寺《しんぷくじ》

大正10年（1921）、当時観音堂があったこの地に、荏田上宿から移転してきた。本尊の木造千手観音立像は一木造で神奈川県の重要文化財。子年に開帳される。多くの奉納絵馬があり、本堂内に70点以上が飾られている。

神奈川県横浜市青葉区荏田町432-8

木々を背負う本堂。訪れる人も少なく
境内は静寂に包まれる

門前の石段下には
地蔵堂があり、
3体の地蔵が
安置されている

石段上の両脇に立つのは
石造りの仁王像。
こちらは左側の阿形像

秋葉神社参拝の
秋葉講の宿に建てられている。
火災除けでもあった

大山街道を行き交う旅人を導いた
民家の庭に立つ大きな常夜燈

⑯荏田宿常夜燈《えだじゅくじょうやとう》

荏田下宿庚申塔から現在のセブンイレブンのある交差点辺りまでが荏田宿。宿の中ほどに荏田宿常夜燈は立っている。位置は街道に面してはいるが民家の庭内。高さ2.3m、文久元年（1861）に建立された。

神奈川県横浜市青葉区荏田町305

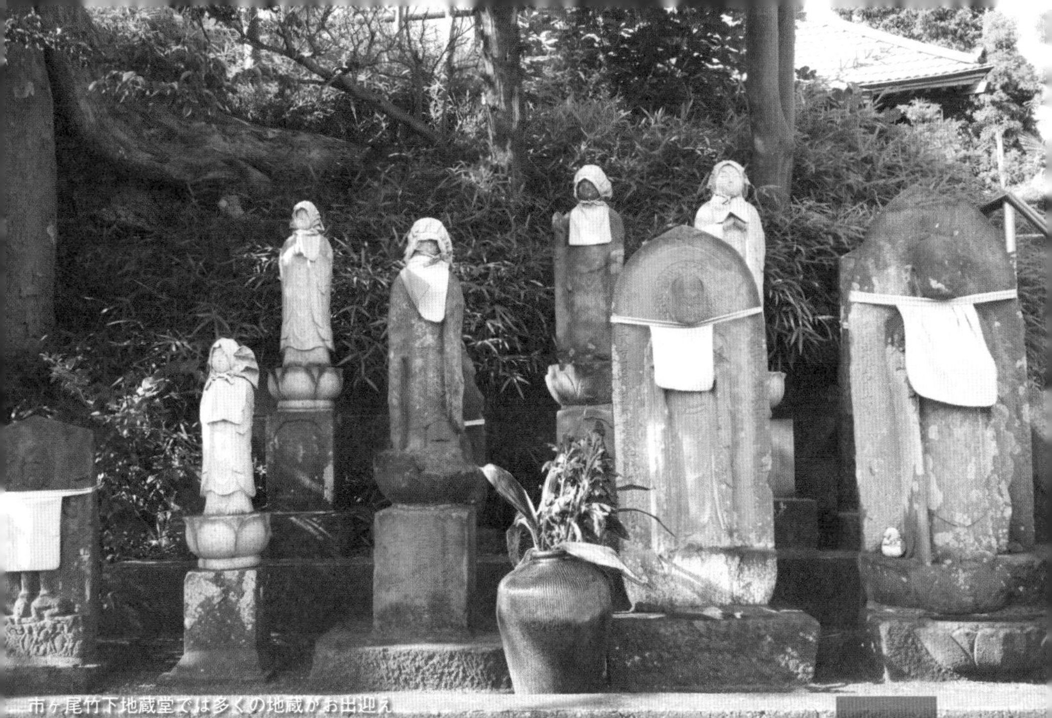

市ヶ尾竹下地蔵堂では多くの地蔵がお出迎え

Course No.
4

荏田▶長津田

横浜を抜け常夜燈が立つ長津田宿へ

歩行距離 約8.3km

約2時間

歩数 約1万1100歩

Start 江田駅
東急田園都市線
▼
❶ 市ヶ尾竹下地蔵堂
▼
❷ 市ヶ尾横穴古墳群
▼
❹ 医薬神社
▼
❺ 神鳥前川神社
▼
❼ 下宿常夜燈石像群
▼
❽ 大林寺
▼
Goal 長津田駅
東急田園都市線・JR横浜線

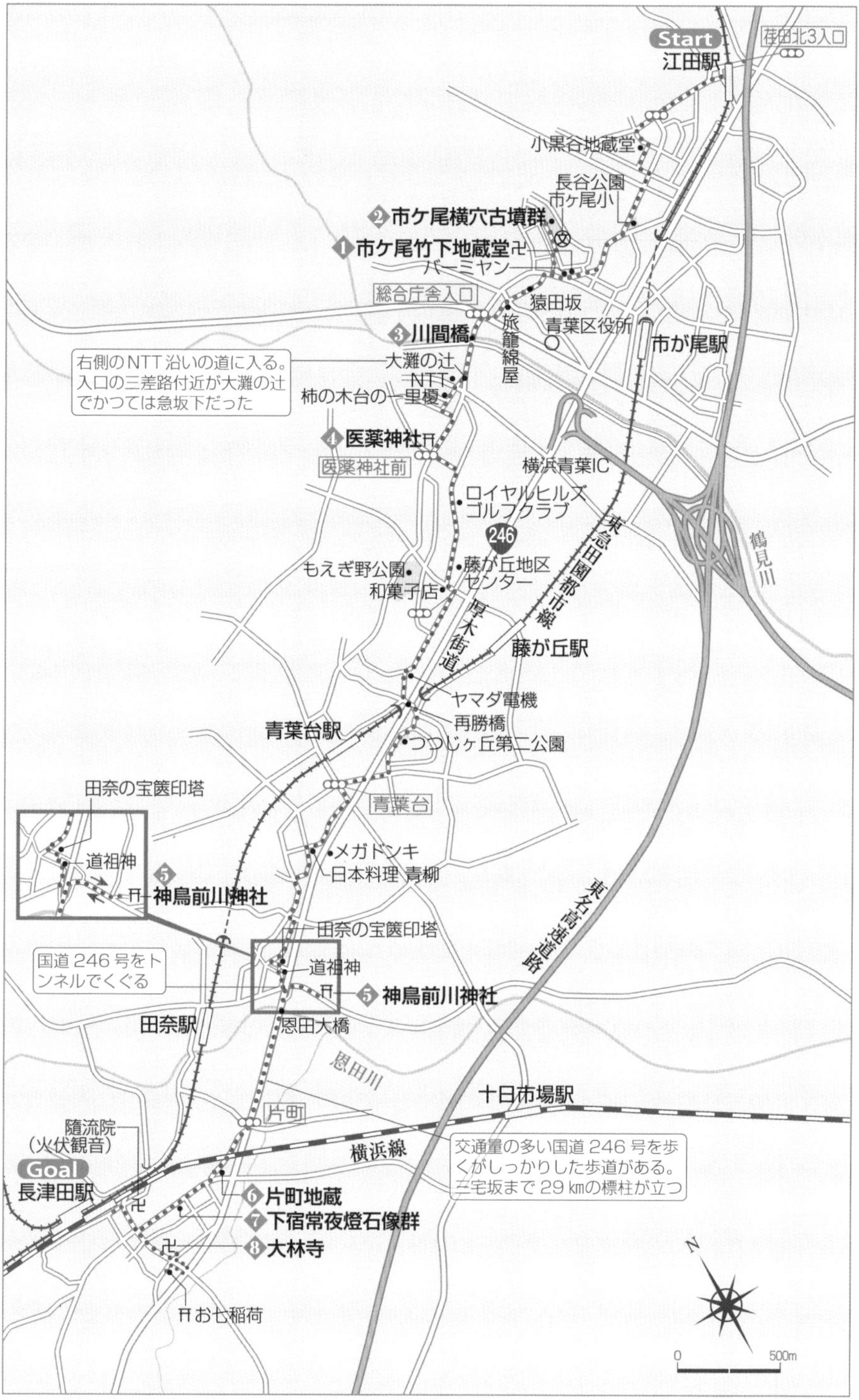
Start
荏田北3入口
江田駅
小黒谷地蔵堂
長谷公園
市ヶ尾小
2 市ケ尾横穴古墳群
1 市ケ尾竹下地蔵堂
バーミヤン
総合庁舎入口
猿田坂
青葉区役所
旅籠綿屋
3 川間橋
市が尾駅
右側のNTT沿いの道に入る。入口の三差路付近が大灘の辻でかつては急坂下だった
大灘の辻
NTT
柿の木台の一里榎
4 医薬神社
医薬神社前
横浜青葉IC
ロイヤルヒルズゴルフクラブ
246
鶴見川
東急田園都市線
もえぎ野公園
藤が丘地区センター
和菓子店
厚木街道
藤が丘駅
ヤマダ電機
再勝橋
青葉台駅
つつじヶ丘第二公園
田奈の宝篋印塔
青葉台
メガドンキ
日本料理 青柳
道祖神
5 神鳥前川神社
東名高速道路
田奈の宝篋印塔
道祖神
国道246号をトンネルでくぐる
5 神鳥前川神社
田奈駅
恩田大橋
恩田川
十日市場駅
片町
随流院（火伏観音）
横浜線
交通量の多い国道246号を歩くがしっかりした歩道がある。三宅坂まで29㎞の標柱が立つ
Goal
長津田駅
6 片町地蔵
7 下宿常夜燈石像群
8 大林寺
お七稲荷
N
0
500m

市ヶ尾の古墳ロマンと圧巻の大林寺五百羅漢

少々さまよいながら歩いた。というのも宅地開発によって本来の大山街道が消えていたり、あると思っていた石碑や地蔵尊がなくなっていたり、移設されていたからだ。昔の形状が失われ、名称だけが残っている場所もあった。横浜市北部の変容は大きい。

江田駅西口を出たら坂を上り、移設された小黒谷地蔵堂を経て❶市ヶ尾竹下地蔵堂へと下る。アップダウンの多いのもこのコースの特徴だ。❷市ヶ尾横穴古墳群も上り下りの往復。雑木林内の崖に横穴が並ぶ様子は奇妙な光景だ。設置された解説と見比べながら考えると、次第に古墳の姿が見えてきた。古代人は墓に対してどのような感情を抱いていたのか。埼玉県吉見町の吉見百穴との類似を思う。

猿田坂を下って❸川間橋で鶴見川を渡る。渡し賃三文の有料橋だったが、私費で橋を架けた川間吉兵衛は強欲だったのか社会事業家だったのか。後者と思いたい。

❹医薬神社へは上り坂。社名から予想した医者・薬とは無縁の神社であった。坂を下って再勝橋で田園都市線を越え、国道２４６号とつかず離れずの道を行く。相変わらず小さな上り下りがある。道沿いの墓地で田奈の宝篋印塔にお参りし、２４６号を自転車・歩行者用のトンネルでくぐれば❺神鳥前川神社へ着く。「神鳥」を「しとど」とはなかなか読めない。社殿後方に安産にご利益があるという富士仙元社を安置する。

２４６号に戻り、南へ。恩田川を渡る恩田大橋から上り坂となり、片町交差点で右斜めへ進めば❻片町地蔵まで5分で着く。❼下宿常夜燈石像群とともに長津田宿で主要な歴史遺物である。

長津田駅南の交差点を左折して❽大林寺へ。長津田十景に数えられる梵鐘は、冬期は夕方5時に、夏期は6時に撞かれる。本堂の左手に立つ五百羅漢堂が見事だ。クスノキで作られた五百羅漢が堂内の壁面を埋め、わが身に迫るような力とともに包むような優しさを感じる。毎週土曜の朝、五百羅漢に相対して座禅の会が催されている。無料で参加自由。小学生も参加しているそうだ。

大林寺近くに八百屋お七を祀るお七稲荷がある。なぜこの場所にと思ったが、祀った岡野氏はこの地の領主であるとともに、お七の捕縛側の役人だったという。巡り巡った縁である。お七稲荷から長津田駅までは徒歩5分の道のりである。

小黒谷地蔵堂には江戸時代中期に作られた3体の地蔵が並ぶ。江田駅近くの旧地から令和2年冬に移転した

毎年11月30日に
お十夜と呼ぶ念仏講がある

1 市ヶ尾竹下地蔵堂《いちがおたけしたじぞうどう》

江戸時代中期の建立。本尊は延命地蔵で弘法大師作とも伝わる。千日の托鉢によって得た浄財で立てられたので千日堂の別名がある。参道の石段下に10数体の地蔵や庚申塔が立ち、奉納の赤い前掛けが愛らしい。

神奈川県横浜市青葉区市ヶ尾町1628-12

本堂の右横に立つ稲荷神社。
赤鳥居の奥に小さな社殿が立つ

どっしりとした本堂。台地に立ち境内から大山が見える

土の壁面に並ぶ古墳。横穴式住居にも見える

崖に空けられた幾つもの穴
住居か？ 有力農民の墓か？

❷市ヶ尾横穴古墳群《いちがおよこあなこふんぐん》

昭和8年（1933）に発見された横穴式墳墓。A群12基、B群7基の計12基の古墳が確認されている。6世紀後半から7世紀後半のものと考えられ、墓群の内外から副葬品と思われる須恵器（すえき）の破片などが見つかっている。

神奈川県横浜市青葉区市ヶ尾町1639-2
市が尾遺跡公園内

上／古墳の内部は奥が広く、棺の置かれた棺座になっている
下／古墳群の一帯は木々に覆われ、市ヶ尾遺跡公園として整備されている

明治末まで
営業していたという
旅館綿屋。
2階窓辺の手すりに
旅館の名残がある

当初は渡り賃3文の有料橋
今は人道橋で安全に渡れる

❸川間橋《かわまばし》

鶴見川に架かる橋。江戸時代の末に川間吉兵衛が私費で架け、渡り賃3文を取ったことから三文橋の別名もあった。今の橋は昭和42年（1967）の竣工。下流側にある人道橋は昭和60年（1985）にできた。上流側に水道橋もある。

神奈川県横浜市青葉区市ヶ尾町

上流側から見た川間橋。水道橋が強調されて見える

周辺は近年の宅地開発地域
区画整理で社殿も向きを変更

④医薬神社《いやくじんじゃ》

かつてこの地には医王山薬師院東光寺という寺があった。その境内に山号の「医」、院号の「薬」をとって医薬神社として祀られた。明治初年(1868)の神仏分離令で独立。祭神は大国主神。社殿裏手に地神塔などが祀られている。

神奈川県横浜市青葉区柿の木台28-2

柿の木台の一里榎は街道沿いに一里ごとに置かれた木

安土桃山時代の創建と伝えられる古社。
社殿は昭和42年(1967)の建築

上右／地神塔や道祖神はいろいろな場所から集められたもの
下／鳥居をくぐり樹木の下の参道を通って拝殿へ

田奈の宝篋印塔は戦国期のもので、恩田の豪族・糟屋(かすや)家の墓という

右／社殿は何回かの火災を経て昭和63年（1988）に再建
下／二十三夜供養塔もある

社殿の背後にある富士仙元社。左手前に見えるのが安産祈願の守護犬

正面入り口は大木に覆われ、鎮守の森の風格がある

創建800有余年
安産祈願の信仰が篤い

❺神鳥前川神社《しとどまえかわじんじゃ》

文治3年（1187）の創建。倭建命（やまとたけるのみこと）ほか三柱を祀る。社殿の背後に富士塚を造って富士仙元社として祀り、安産の守り神としている。富士塚の前には守護犬（まもりいぬ）と子産み石も置かれている。

神奈川県横浜市青葉区しらとり台61-12

義民伝説が残る地に立つ
3体の地蔵尊

❻片町地蔵《かたまちじぞう》

長津田市街の東方、県道139号の三差路に3体の地蔵が立つ。その昔、この地の住民で加藤外記という人が領主に無断で新道を作ったため、ここで処刑されたとのこと。地蔵尊像とともに加藤外記の顕彰碑もあった。

神奈川県横浜市緑区長津田6丁目

丸石に囲まれて立つ地蔵群。
造立記念碑もある

常夜燈、庚申塔、馬頭観音、
下宿の石造物が集合

7 下宿常夜燈石像群《しもじゅくじょうやとうせきぞうぐん》

「長津田宿常夜燈二基」の標識とともに石造物が集められている。「常夜燈二基」とは下宿と上宿の常夜燈のことで、ここに立つのは下宿の常夜燈。周辺には長津田十景という名所を紹介する絵タイルがはめ込まれている。

神奈川県緑区長津田6-15

造形の見事な常夜燈。台座に世話人や石工の名前が彫り込まれている

旗本岡野氏の菩提寺
土曜の座禅会は参加自由

8 大林寺《だいりんじ》

江戸時代に長津田を知行地(ちぎょうち)としていた旗本の岡野氏が16世紀後期に創建し、菩提寺とした。四天王を安置する壮大な山門をくぐると大きな桜の木と本堂があり、左手の鐘楼は「大林晩鐘」として長津田十景に数えられる。

神奈川県横浜市緑区長津田6-6-24

本堂に釈迦如来を祀る曹洞宗の寺

五百羅漢堂にはクスで作った五百羅漢を安置。毎週土曜の朝6時から、一般対象の座禅の会が開かれている

本堂の裏手の庭園は自由に散策できる

火刑になったお七を祀るお七稲荷。長津田の領主の岡野氏が建てたという

圓成寺本堂前の桜は見事な枝張り

Course No.

5

長津田▶鶴間

街道の中間点。宿場に歴史が多い

歩行距離 約8.4km

約2時間5分

歩数 約1万1200歩

Start 長津田駅

東急田園都市線・JR横浜線

▼

2 大石神社

▼

3 御野立所

▼

5 鶴間の一里塚

▼

8 圓成寺

▼

11 下鶴間ふるさと館

▼

13 まんじゅうや跡

▼

Goal 鶴間駅

小田急江ノ島線

Start
長津田駅
長津田宿
❸御野立所
❷大石神社
❶上宿常夜燈
横浜線
長津田小
階段
長津田小入口
長津田小入口
ニコのパン
246
つくし野駅
横浜田園都市病院
東急田園都市線
長津田
長津田小学校前から西側へ未舗装の道を入る。階段を下りたら車道を突っ切って細道を抜ける
フィールドアスレチック横浜つくし野コース
つくし野交差点を渡ったら新聞店の左側の細い坂道を上る
GS
つくし野
馬の背
東工大入口
すずかけ台駅
南町田グランベリーパーク駅
こうま公園
町田街道
「500m先 FUKAKUSA HOTEL」の案内板がある角を左折。20mほどで左手に地蔵堂が見える
❹辻地蔵尊・道祖神
町田市辻
横浜町田IC
グランベリーパーク
16
境川
つきみ野駅
❻大ヶ谷庚申塔
横浜水道道路
❽圓成寺
❼日枝神社
観音寺前
戸塚道
❺鶴間の一里塚
246
観音寺
❿大山阿夫利神社御分霊社
❾五貫目道祖神
⓬鶴林寺
子育て地蔵尊
⓫下鶴間ふるさと館
⓭まんじゅうや跡
坂上厄除地蔵尊
立体交差となっている国道246号の下をくぐる
東名高速道路
山王日枝神社
この辺りが下鶴間宿。伊能忠敬の測量隊が宿泊した。交通量多く歩道がないので注意したい
小田急江ノ島線
南林間駅
矢倉沢往還説明板
N
鶴間駅
Goal
0
500m

里道ムードとかつての宿場の雰囲気を楽しむ

大山街道もほぼ半ばの場所までやってきた。全工程で９つある主な宿場のうち、長津田宿は４つ目、下鶴間宿は５つ目である。かつての宿場周辺はいまも賑やかで、その間の道はのどかな里道の雰囲気を残す。国道２４６号と重なる部分も多いが、それ以外では静かな旧街道歩きが楽しめる。

見どころは長津田駅近くとコースの後半部に集まる。まずは長津田上宿の夜を明るくし、宿場の安全を祈願した❶上宿常夜燈へ。長津田駅から５分ほどの場所で、高台の❷大石神社へ向かう坂の上部にある。神社境内には木々が多く、樹間から市街の家並みも見下ろせる。かつては桜の名所でもあり、「大石観桜」は長津田十景にも数えられた。

眺めといえば、大石神社の裏手にあたる❸御野立所《おのだちしょ》は広々した展望地なのでひと休みしたい。周辺は園地になっていてこちらにも桜の木が多い。

御野立所を離れ、長津田小学校正門前を右折すると、大山山麓までのコース中で数少ない未舗装路となる。短い距離だが木々も多く、一息つける優しさがある。未舗装路の先の細道を抜けて車道に出たら右折。交通量は少なく、上り坂になると右手に畑も残る静かな道だ。

坂を登り切った先が国道２４６号との合流点。喧噪だが歩道がしっかりあるので歩きやすい。つくし野交差点から馬の背といわれる眺めのいい細道を経て再び２４６号歩き。❹辻地蔵尊・道祖神は２４６号から一歩入ったところ。この辺りは道沿いにカーショップが並んでいる。

セブンイレブンが左にあるところで左斜め前へと進む。交通量の少ない道だ。国道16号との交差点からは徒歩５分ほどの❺鶴間の一里塚へ寄り道。再び大山街道へ戻って南進する。戸塚道とのＸ型交差点に❻大ヶ谷庚申塔があり、建物の造りがいい❼日枝神社、桜の見事な❽圓成寺、古く黒ずんだ❾五貫目道祖神と見どころが続く。

目黒交差点で２４６号をくぐり、２００ｍほど２４６号沿いを戻って左折。境川を渡ると下鶴間宿である。家並みの中に旧家らしい造りと広さの家もあり、往年の賑わいを感じさせる。ただし道幅が狭く交通量も多いので注意したい。下鶴間宿内に❿大山阿夫利神社御分霊社、⓫下鶴間ふるさと館、⓬鶴林寺が続き、坂を登れば三差路に⓭まんじゅうや跡がある。あとはゴールの鶴間駅まで一直線の道を25分ほどである。

常夜燈の前に立つ地神塔。
豊作祈願で
農作物の神を祀る

高さ2m40㎝の堂々たる姿で
台座に石工や世話人の名がある

宿場の安全を願い
毎夜火を灯した

❶上宿常夜燈《かみじゅくじょうやとう》

長津田宿の上宿に立てられていた常夜燈。建立は天保14年（1843）の初夏、長津田宿内の秋葉講中による。現在は大石神社女坂の上部にあるが、当初はもっと坂下の大山街道沿いに立っていた。

神奈川県横浜市緑区長津田町
2322-1

高台で木々の多い境内は桜の名所でもある

業平伝説にまつわる
神石をご神体に祀る

❷大石神社《おおいしじんじゃ》

平安時代初期の歌人である在原業平（ありわらのなりひら）を祀るともいわれるが、定かではない。ご神体は台座にはめ込まれた高さ1.35mほどの大石で、業平の化身との伝説がある。かつては境内に業平竹と呼ばれた竹林もあったという。

神奈川県横浜市緑区長津田町2322-1

関東大震災で倒壊した社殿は
蔵造りで建て替えられた

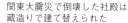

右／御野立所から見下ろす風景。足元を抜けるのは東急田園都市線とJR横浜線　左／皇太子来臨を記念する高さ約7mの塔は大正11年（1922）に建てられた

大正時代からの好展望地
長津田十景にも数えられる

❸御野立所《おのだちしょ》

大正10年（1921）、昭和天皇が皇太子時代に陸軍の大演習をこの地で統監した。いまも展望が開け、眼下に長津田の住宅街を一望できる。演習は4日間に及び、延べ10万人の兵隊が動員される大規模なものだった。

神奈川県横浜市緑区長津田町2330

お耳拝借 3 omimihaisyaku

❖長津田宿《ながつだじゅく》

長津田宿は、矢倉沢往還（大山街道）の宿駅の一つ。江戸から9里（約36km）のところにあり、江戸から7里（約28km）の荏田宿とともに、貨客や人馬を継ぎ替える継立の地となっており、江戸を立った旅人の最初の宿泊地になっていた。

宿駅は東から下宿、中宿、上宿に分けられていた。幕末期には街道沿いに旅籠や商店など50軒ほどが軒を並べていたといい、大山詣での参詣者の利用も多かった。

JR横浜線のガードをくぐった先に立つ片町地蔵は、道標も兼ねていたことから別名「道しるべ地蔵」と呼ばれ、地蔵の台石には「向かって右かな川 左みぞの口」「南つる間 東江戸道」と記されている。

片町地蔵から100mほど歩くと下宿常夜燈が立つ。このあたりが長津田宿の入り口になる。下宿常夜燈は文化14年（1817）に宿中の大山講中が建立したもの。大山詣での歴史を伝える貴重な遺産だ。

以前は地元有志が建てたお堂に収まっていたが、現在は露座となった片町地蔵

下宿常夜灯は、現在地より東側にあったが、道路整備により2008年に移設された

両側が切れ落ち、馬の背を歩くような道。
好展望で、すぐ下に見えるのはすずかけ台駅

こぎれいな小社は辻地区の人々によって清掃、手入れがされている

地蔵堂の隣には昭和26年(1951)の刻銘がある道祖神が立っている

270年以上を経た古仏で摩耗もあるが、穏やかな顔立ちがわかる

地域で永年にわたり愛される
赤い帽子と前垂れの石仏

❹辻地蔵尊・道祖神

つじじぞうそん・どうそじん

細道に面して静かに立つ元文5年(1740)に建てられた石仏である。もともとは国道246号と町田街道が交差する町田市辻にあったが、246号の拡幅工事で移動。堂宇は平成5年に改修された。

神奈川県横浜市緑区長津田町5779-8

頂上の御嶽神社は魔よけ、盗難除けの御岳信仰から建てられた

高さ5mのビッグな一里塚
榎の大木が歴史を語る

❺鶴間の一里塚

つるまのいちりづか

高さが5mほどあり、大塚とも呼ばれている。塚の頂上まで登り道がつけられ、頂上には御嶽神社の小社がある。大山街道からはやや距離があるので、この塚が面している旧町田街道の一里塚と考えられている。

東京都町田市鶴間3-12-4

塚に登る道沿いに「一里塚」の石碑が見える

送水した鉄管が水道道路脇に展示されている

横浜水道道路は相模川上流から横浜へ送水した道で今は遊歩道

力強い文字の庚申塔と かわいらしい奉納灯籠が立つ

⑥大ヶ谷庚申塔《おおがやとこうしんとう》

小さな宿場だった大ヶ谷宿付近に置かれた庚申塔である。大山街道と戸塚道が交差する地点に立ち、道標の意味もあった。文久3年（1863）に建立されたと刻銘があり、深彫りされた「つるま」の文字が見られる。

東京都町田市鶴間5-8-3

上／4基も置かれた白御影石の奉納灯籠が信仰の篤さを示す
右／2つの街道が斜めに交わる交差点に位置し、正面左手が戸塚道

桁行1m、梁行88㎝の小さな造りの社殿

職人が腕を振るった 名建築の小さな社殿

⑦日枝神社《ひえじんじゃ》

江戸時代中期に建てられた一間社流造の本殿が美しい。屋根はこけら葺き。大工は鎌倉の光明寺建設に携わった蔵並家の蔵並七郎兵衛などが名を記したと解説がある。町田市の有形文化財になっている。

東京都町田市鶴間6-21-24

右／鳥居の奥、建物に隠れるように小社殿が建つだけの簡素な境内　左／社殿の内部には安置された神輿が見える

2階建ての本堂社殿よりも高く桜樹が広がる

室町期の聖徳太子立像を安置する古刹
桜の大樹が境内に爛漫の春を広げる

❽圓成寺《えんじょうじ》

小田原北条家の家臣であった中山修理亮が戦の無常を感じて出家し、この寺を開いた。所蔵する聖徳太子立像は室町時代の作で、町田市の有形文化財になっている。本堂前にある桜の大樹が見事で、枝張りも素晴らしい。

東京都町田市鶴間5-17-1

鐘楼の鐘は江戸時代中期に鋳造されたもの

石柱に摩耗と剥落があるが、「安政三年」の銘がわかる

黒ずんで古びた石柱は
160年以上の歴史を持つ

❾五貫目道祖神《ごかんめどうそじん》

五貫目とは以前の町の名で、江戸時代初期に年貢の石高が五貫目と定められたのが名称の由来だという。この道祖神は五貫目町を流れる境川の鶴瀬橋近くに建てられていたが、平成4年の国道246号バイパス工事で移転した。

神奈川県横浜市瀬谷区五貫目町

道路脇の
ポケットパークの
ような場所にあり、
ひと休みできる

下鶴間宿の中ほどに立つ
立派な赤い鳥居が目印

⑩大山阿夫利神社 御分霊社

おおやまあふりじんじゃごぶんれいしゃ

分霊社であるため、大山の阿夫利神社と同じ大山祇神（おおやまつみのかみ）が祀られている。この辺りは下鶴間宿で、神社前の道標には「東江戸十里 西大山七里」と彫られ、大山街道歩きも半ばを越えたことがわかる。

神奈川県大和市下鶴間2234

赤い鳥居が立つ御分霊社前の大山街道は新田義貞が鎌倉攻めの際に通った道。境内に碑も立つ

大山祇神を祀る社殿。右隣の小さな祠には大国主命も祀られている

土蔵は大正7年（1918）
再建のものを復元した

茅葺き屋根で
入母屋造の母屋。
商家造りになっている

館内では帳場を模し、
小倉屋で扱った商品を展示紹介

江戸時代末期建築の商家が
下鶴間を紹介する資料館に

⑪下鶴間ふるさと館

しもつるまふるさとかん

下鶴間にあった小倉家の母屋と土蔵を復元し、資料館などに使われている。雑貨商であった小倉家が扱った薬品や医療用品などを展示し、下鶴間を訪れた渡辺崋山や伊能忠敬などを紹介する。

10時～16時／月・火曜、祝翌日休（土・日曜、祝日の場合は開館）／入館無料／神奈川県大和市下鶴間2359-5／☎046-272-6556

大山街道から急傾斜の石段を登る
鐘楼は江戸時代中期の建築

⑫ 鶴林寺《かくりんじ》

永禄12年(1569)に創建された浄土宗の寺。境内に碑がある下鶴間学校は明治中期に境内に置かれた公立小学校のこと。墓地に続く敷地には下鶴間不動尊の小堂があり、彩色された不動尊が安置されている。

神奈川県大和市下鶴間1938

上／昭和49年(1974)に再建された本堂。銅板葺きの屋根で入母屋造
左／大山街道から直接下鶴間不動尊へ参拝できる急階段と、童子2人を従えた不動堂内の不動明王

坂上厄除地蔵尊は下鶴間宿の三差路に立ち、道標も兼ねた

まんじゅうが人気だった
渡辺崋山ゆかりの宿

⑬ まんじゅうや跡《まんじゅうやあと》

まんじゅうやとは、まんじゅうも商っていた旅館のこと。三差路の三角地に立つ道標の位置にあった。江戸後期の画家である渡辺崋山が宿泊し、その様子を日記に書きとどめたことから歴史に名を残した。

神奈川県大和市下鶴間1852

下鶴間宿の西端に立つ山王日枝神社。付近の地名「山王原」の由来となった

草に埋もれそうな小さな道標。旅館の跡らしいものは何もない

広々とした草地の史跡相模国分寺跡

Course No.
6

鶴間▶厚木

礎石が並ぶ史跡国分寺跡は古代のロマン

歩行距離 約14.4km

約3時間30分

歩数 約1万9200歩

Start 鶴間駅
小田急江ノ島線
▼
4 **お銀さまの墓**
▼
6 **史跡相模国分寺跡**
▼
7 **海老名市温故館**
▼
10 **相模国分寺七重塔モニュメント**
▼
11 **有鹿神社**
▼
14 **厚木の渡し場跡**
▼
Goal 厚木駅
JR相模線・小田急小田原線・相鉄線

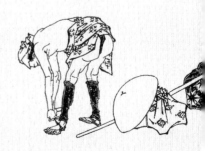

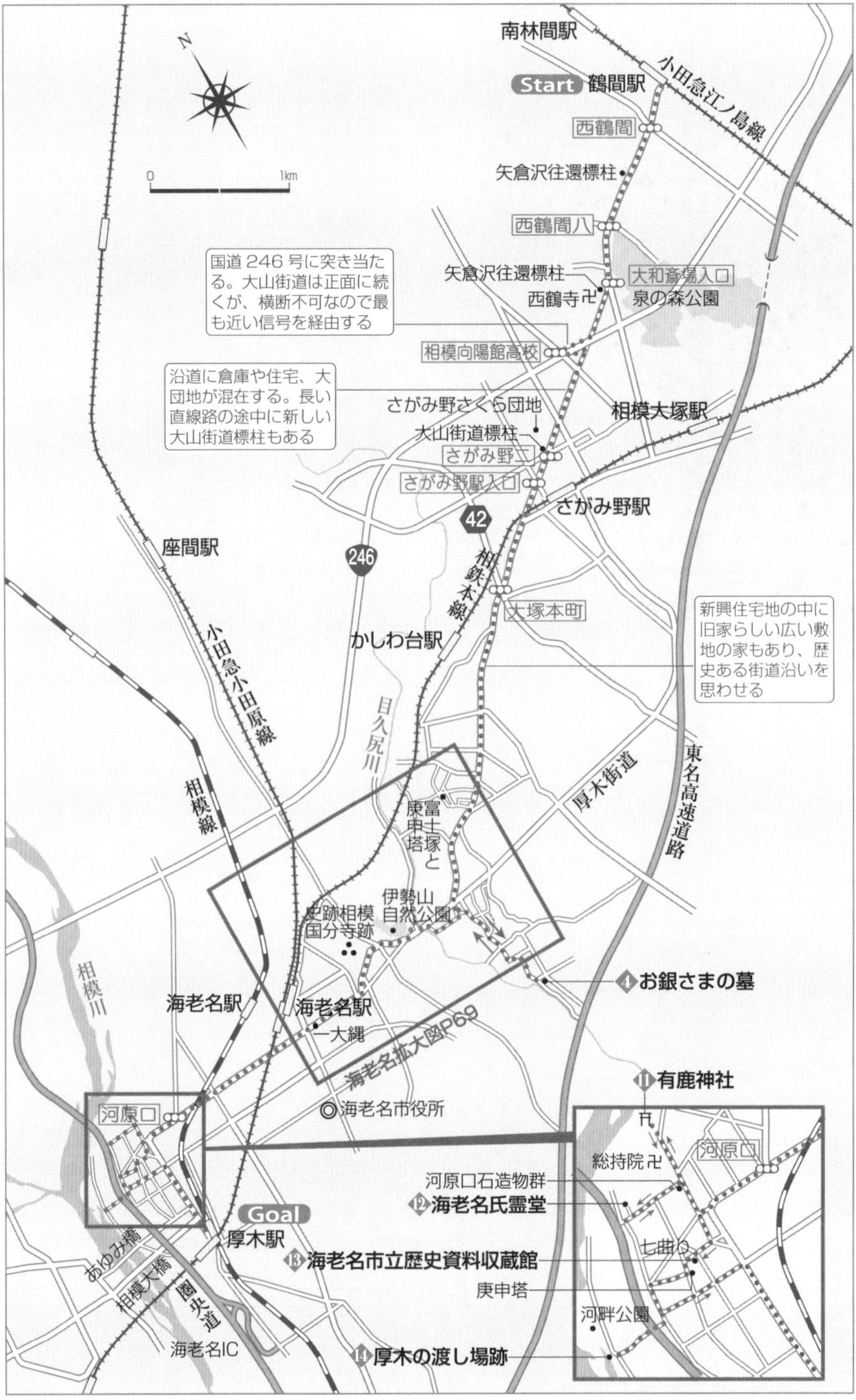
N
0
1km
南林間駅
Start
鶴間駅
小田急江ノ島線
西鶴間
矢倉沢往還標柱
西鶴間八
国道246号に突き当たる。大山街道は正面に続くが、横断不可なので最も近い信号を経由する
矢倉沢往還標柱
西鶴寺
大和斎場入口
泉の森公園
相模向陽館高校
沿道に倉庫や住宅、大団地が混在する。長い直線路の途中に新しい大山街道標柱もある
さがみ野さくら団地
相模大塚駅
大山街道標柱
さがみ野二
さがみ野駅入口
さがみ野駅
42
座間駅
246
相鉄本線
大塚本町
かしわ台駅
新興住宅地の中に旧家らしい広い敷地の家もあり、歴史ある街道沿いを思わせる
小田急小田原線
目久尻川
厚木街道
東名高速道路
相模線
富士塚と庚申塔
伊勢山自然公園
史跡相模国分寺跡
4 お銀さまの墓
相模川
海老名駅
海老名駅
大縄
海老名拡大図P69
11 有鹿神社
河原口
海老名市役所
総持院
河原口
河原口石造物群
12 海老名氏霊堂
Goal
厚木駅
七曲り
あゆみ橋
13 海老名市立歴史資料収蔵館
庚申塔
相模大橋
圏央道
河畔公園
海老名IC
14 厚木の渡し場跡

近づく大山を前に古代の歴史が目白押し

大山が大きい。大山街道も半ばを過ぎて、迫ってきたのは参拝の目的地である大山の姿だった。ふと見る高層マンションの間から、ちょっとした高台の公園から、形のいい三角形の山が見えた。なんとなくうれしく、ホッと息をついたものである。

鶴間駅をスタートしてから、しばらくは立ち寄りどころがない。それでも矢倉沢往還（大山街道）標柱や小さな寺もあって、歴史の道であることを教えてくれる。標柱が新しく、近年のものであることは、文化の継承がなされていることを感じてうれしい。コースの半ば過ぎに位置する❶赤坂道標と不動明王座像も供え物があり、地域で守られているようだった。

大山街道は天保2年（1831）、三河国田原藩士で画家でもあった渡辺華山が歩いている。かつての主君・11代藩主三宅康友の子を産んだ侍女のお銀を訪ねたのである。その通った道を示したのが❷小園の道標・渡辺華山ゆかりの道だ。ここで崋山は大山街道を外れるが、大山街道経由で崋山が訪ねた場所を目指すと、途中に❸小園地蔵堂があり、その先に❹お銀さまの墓がある。

大山街道に戻り、望地交差点から左へ坂を上がる。「望地」の地名の通り、大山の展望のいいところである。目久尻川を渡った先の❺史跡逆川碑は、日本最古と考えられる運河を記念したもの。

古代らしいムードが湧いてきたところで❻史跡相模国分寺跡へ。奈良時代に仏教を全国に広め、国を安定させようとした事業の規模を思う。❼海老名市温故館はさらに古代の土器・石器を展示する歴史館だ。そこまで古くはないが、❽海老名の大欅も推定樹齢600年近い古木である。❾相模国分寺は史跡相模国分寺跡に建っていた寺を引き継ぐもの。かつてあった七重塔を3分の1にして模したのが❿相模国分寺七重塔モニュメントである。この辺り、古代の歴史ムードがいっぱいだ。

小田急線とJR線を過ぎて相模川近くへ来ると、⓫有鹿神社には水にちなむ行事があった。徒歩5分ほどのところには中世にこの地方に勢力を敷いた海老名氏ゆかりの⓬海老名氏霊堂があり、そんな地域の歴史も調べられる⓭海老名市立歴史収蔵館も近い。そこから相模川の河原へ行けば⓮厚木の渡し場跡があり、ひときわ大山が大きく見える。厚木駅まではあと1㎞ほどの距離だ。

富士塚と庚申塔は
富士山の火山灰を集めて
小丘を造り庚申塔を立てたもの

風化が激しいが、右手に剣を持つ。
不動明王にしては表情が優しい

イチョウの大木に守られる
不動明王が鎮座する赤坂道標

❶赤坂道標と不動明王座像

あかさかどうひょうとふどうみょうおうざぞう

赤坂バス停とイチョウの大木に挟まれて数基の石造物が立つ。その中でひときわ背の高い石柱が赤坂道標。風化して文字は読めないが「右・国分　左・大塚 鶴間」と刻まれていたという。上部に炎を背負った不動明王が鎮座する。

神奈川県海老名市柏ヶ谷

約200年前、お銀さまを訪ね
渡辺崋山がこの道を歩いた

❷小園の道標・渡辺崋山ゆかりの道

こそののどうひょう・わたなべかざんゆかりのみち

天保2年（1831）9月、前夜下鶴間宿に泊まった絵師・渡辺崋山は、ここで大山街道をそれ、左手の古東海道へと入った。お銀さまの家がその先にあったからだ。ここからしばらく高台を行く古東海道は眺めがいい。

神奈川県綾瀬市小園1316

右／道標は明治以後のもので「右 小園」などが読み取れる
下／大山街道と前方左へ分かれる古東海道の分岐点

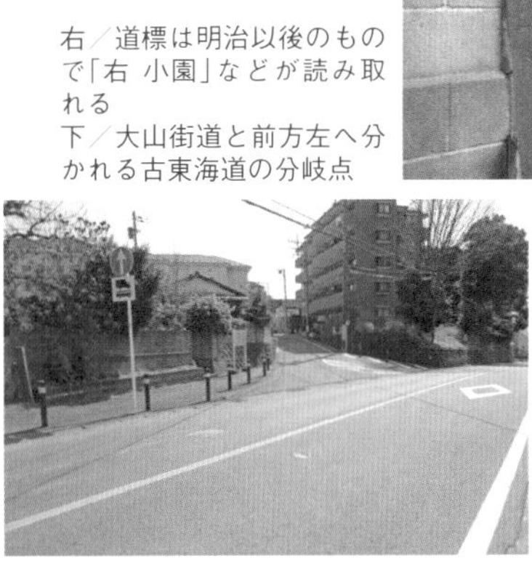

南北朝時代の地蔵と江戸中期の寝釈迦を安置

❸小園地蔵堂《こぞのじぞうどう》

もとは東光山延命寺といい、相模国分寺の隠居寺だったといわれる。本尊は堂内の厨子（ずし）に安置される木造の地蔵菩薩で、像高16.6㎝。南北朝時代の作と伝わるので600年以上前のもの。厨子の隣に寝釈迦も安置されている。

神奈川県綾瀬市小園61

上／延命寺歴代住職の墓。平成11年にここに移された
右／小園団地入口バス停前に立つ地蔵堂。堂周辺よく清掃されている

堂内に安置される寝釈迦。
江戸時代中期の作で、像長1.17m

崋山が仕えた主人の母お銀さまが眠る墓所

❹お銀さまの墓《おぎんさまのはか》

お銀さまの本名は「まち」。江戸の田原藩下屋敷で藩主の三宅康友の寵愛を受け、男子の友信を生む。田原藩藩士であった渡辺崋山は友信に仕え、その母であるお銀を訪ねて当地に来たのだ。崋山はその様子を『游相日記』として残している。

神奈川県綾瀬市小園9

小園広場に隣り合う墓地で他の墓に交じってお銀の小さな墓が立っている

他の墓にはないが、ここには花が供えられていた。供養する人が続いているのだろう

望地に残る道標。
左は道祖神で、
下は馬頭観音

地名そのままに高台にあり展望のいい望地。この地にある道下児童公園からは大山の眺めがいい

目久尻川の河畔に立つ石橋供養塔。宝暦7年（1757）に木橋を石橋に架け替えた記念に建立された

改めて驚く古代の技術
日本最古の運河があった

⑤史跡逆川碑《しせきさかさがわひ》

この碑の立つ脇をかつて小川が流れていた。逆川といわれ、大化の改新（645）の頃から平安時代中期まで農業用水や運搬水路として利用されていた。目久尻川から水を引き、長さは約2.5km。日本最古の運河といわれる。

神奈川県海老名市国分南1

右／史跡逆川碑の背後に宝暦7年（1757）に架けた石橋の石がある
左／手前の石碑の解説には逆川の由来や流路が書かれている

上／伊勢山自然公園は丘状の公園。山上に東屋が立ち、散策路がある
左／急な石段を上って伊勢山大神宮へ参拝。階段上に小社がある

園内の一角に伊勢山大神宮が鎮座する

県道４０６号と40号の交差点がかつての国分の辻・高札場跡。現在、庚申塔が立っている

広大な寺院の跡に塔の基壇や
中門の礎石などを復原

⑥史跡相模国分寺跡

しせきさがみこくぶんじあと

中門と回廊の跡。瓦葺きの中門があったと推定されている

復原された七重塔の基壇。高さ約65mの塔が建っていた

国分寺は天平13年(741)、聖武天皇の詔で全国に建設された国家鎮護の寺。相模国分寺は8世紀後半には完成していたと考えられる。発掘調査で金堂跡、中門跡などがわかり、塔跡には一辺が20.6mの基壇が復原されている。

神奈川県海老名市国分南1-19-18

草地になっている金堂跡の付近。遠くに大山が見える

海老名の歴史と民俗を展示
建物は大正時代の役場庁舎

⑦海老名市温故館

えびなしおんこかん

2階の民俗展示。大型のラジオ、柳ごうりなどがある

郷土の歴史に関する資料を収集展示している。1階が土器、石器などを展示する考古・歴史のコーナーで、2階では明治から昭和の生活用具などを展示。建物は大正7年(1918)年建築の旧海老名村役場庁舎。

9時～17時15分／無休／入館無料／神奈川県海老名市国分南1-6-36／☎046-233-4028

写真／海老名市教育委員会

郡役所様式と呼ばれる建築様式を取り入れた建物がレトロな雰囲気を漂わせる

鐘楼には13世紀末に鋳造された
釣鐘が下がる。国の重要文化財

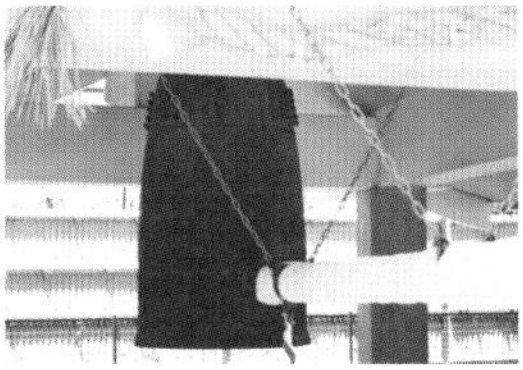

真言宗の寺で、本堂
には薬師如来を祀る

冬は枯れ木のようだが
春の芽吹き後の成長は目覚ましい

相模国分寺の入り口に立つ
海老名のランドマーク

⑧海老名の大欅

えびなのおおけやき

樹高20m、根回り15.3mに達するケヤキの古木。かつて船をつなぐための杭として打ち込んだ木が、発芽してこのように成長したとの伝説がある。推定樹齢570年以上だが、今なお樹勢は盛ん。

神奈川県海老名市国分南1-23

奈良時代に創建された
相模国分寺の歴史を継ぐ寺

⑨相模国分寺

さがみこくぶんじ

かつての相模国分寺の薬師堂を移転した場所に立ち、旧相模国分寺が衰え消失した後の後継寺院といえる。薬師堂は明治43年（1910）に焼失したが、その後、仮本堂、本堂落成の時代を経て現本堂は平成6年に改築されたもの。

神奈川県海老名市国分南1-25-38

境内からは海老名のビル群の間に大山が見える

ショッピングビルや商店街に囲まれて異彩を放つ七重塔

古代を彷彿させるモニュメント
均整の取れた姿が美しい

⑩相模国分寺七重塔モニュメント

さがみこくぶんじしちじゅうのとうもにゅめんと

海老名駅前の海老名中央公園に、かつての相模国分寺に立っていた七重塔を模したモニュメントが造られている。3分の1のスケールで再現したものだが十分に大きく、迫力満点。天平文化に思いを馳せるのもいい。

神奈川県海老名市中央1-291-3

直線路の一大縄という地名は奈良時代に水田を大規模に区画割りした名残という

河原口3丁目の角に石造物が集められている。最大のものには寛政6年(1794)の刻銘がある

総持院はかつて有鹿(あるか)神社の別当寺。本堂前にある唐金製の八角燈籠が珍しい

相模国最古の神社で
海老名の総鎮守

⑪有鹿神社《あるかじんじゃ》

創建年代は不明だが相模国で最古の神社といわれる。現在は海老名の総鎮守として崇敬され、「お有賀さま」とも呼ばれる。海老名の農業用水を守る水引祭を行い、相模川支流の鳩川を守っている。近隣に中宮と奥宮がある。

神奈川県海老名市上郷1-4-41

上／人々に親しまれるためパンダを神社のキャラクターに使用。神楽殿にパンダ宮司の人形が置かれている
下／木々に囲まれた本宮の社殿

境内の一角にある鐘楼。神社なので「神鐘」と呼ばれている

霊堂内には宝篋印塔や五輪塔などが安置されている

中世に勢力を持った海老名氏
菩提寺跡付近に霊堂が立つ

⑫海老名氏霊堂《えびなしれいどう》

海老名氏は村上源氏ゆかりの豪族で、12世紀頃には海老名に進出、15世紀中頃に滅亡するまで一帯を根拠地としていたと考えられている。この霊堂付近に、海老名氏の菩提寺と伝えられる宝樹寺があったと推定される。

神奈川県海老名市河原口3-8

海老名氏霊堂への参道。案内石柱には「墳墓」と彫られている

内容別に整理された書架。1階が閲覧室

海老名や大山街道の歴史は
事前連絡で資料も準備OK

⑬海老名市立歴史資料収蔵館《えびなしりつれきししりょうしゅうぞうかん》

海老名市の歴史に関する古文書、写真、地図などの資料を収集。大山街道関連の書籍、厚木や伊勢原の市史もある。調べたいことをあらかじめ連絡しておけば、必要資料などを用意してくれるサービスがありがたい。

9時～17時／月・火曜休／入館無料／
神奈川県海老名市河原口2-27-3／
☎046-232-3611

写真／海老名市教育委員会

鉄筋2階建てで、平成22年4月に開館

徳川家康も利用した渡船場
正面に望む大山が大きい

⑭厚木の渡し場跡《あつぎのわたしばあと》

相模川の河畔に対岸の厚木への渡し場があった。徳川家康も鷹狩りの際に利用し、200mほど上流には伊能忠敬の測量隊が渡った渡河地がある。安政5年（1858）の「渡船場賃銭心得之覚」には「荷係り拾八文 人拾二文 馬拾八文」とある。

神奈川県海老名市河原口

前方に大山が大きく見える相模川の河原は、広々とした河畔公園になっている

高部屋神社は住吉大神を祀る糟屋宿の古社

Course No. 7

厚木 ▶ 伊勢原

都市から山里へ次第に風景が変わる

歩行距離 約13.2km

約3時間15分

歩数 約1万7600歩

Start 厚木駅
JR相模線、小田急小田原線

▼

2 厚木神社

▼

6 酒井寅薬師

▼

9 小金神社・小金塚古墳

▼

10 太田道灌の首塚

▼

11 高部屋神社

▼

13 咳止地蔵尊

▼

Goal 伊勢原駅
小田急小田原線

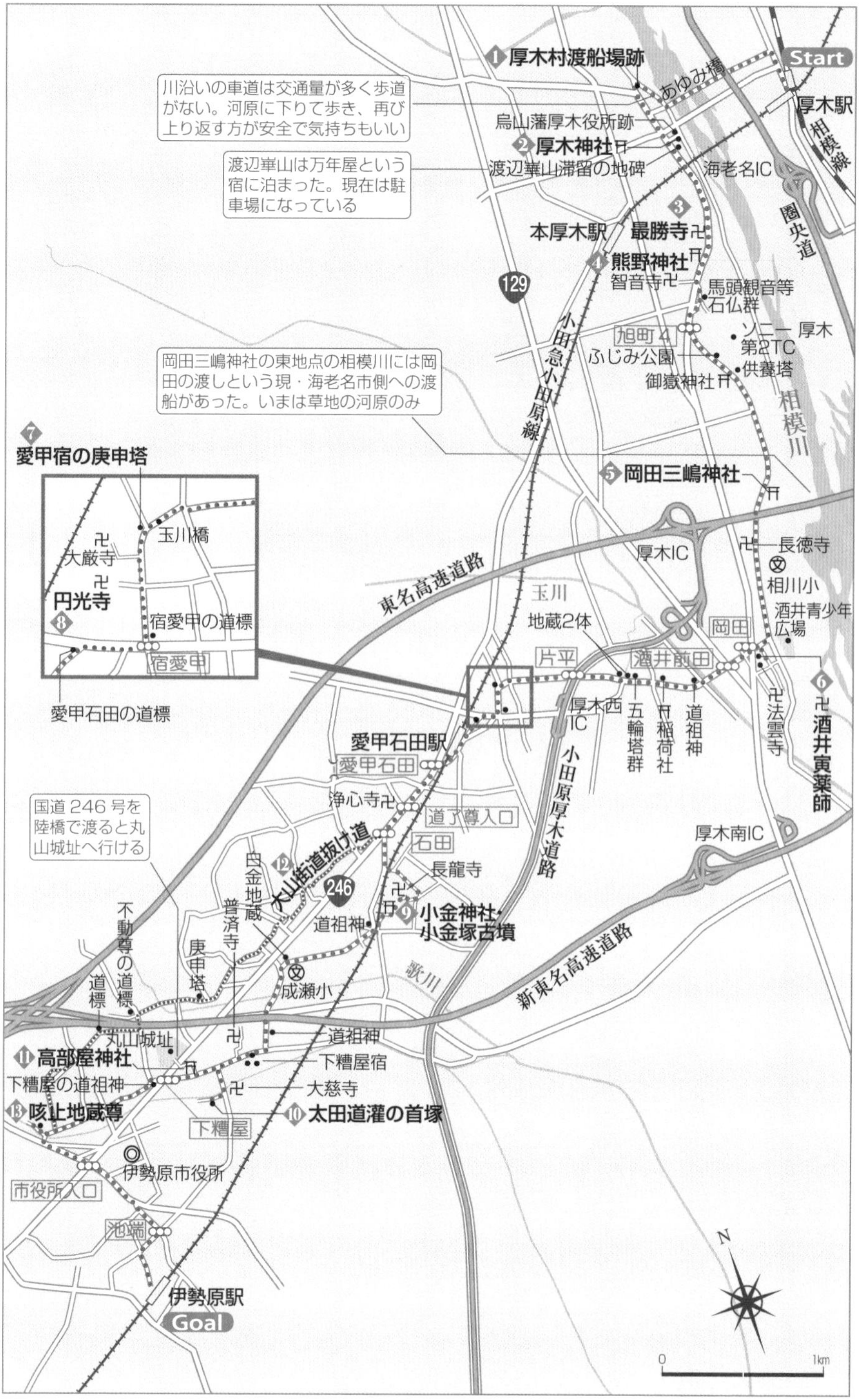
Start
1 厚木村渡船場跡
川沿いの車道は交通量が多く歩道がない。河原に下りて歩き、再び上り返す方が安全で気持ちもいい
あゆみ橋
厚木駅
相模線
烏山藩厚木役所跡
2 厚木神社
渡辺崋山は万年屋という宿に泊まった。現在は駐車場になっている
渡辺崋山滞留の地碑
海老名IC
圏央道
3 最勝寺
本厚木駅
4 熊野神社
129
智音寺
馬頭観音等石仏群
小田急小田原線
旭町4
ソニー厚木第2TC
ふじみ公園
供養塔
御嶽神社
相模川
岡田三嶋神社の東地点の相模川には岡田の渡しという現・海老名市側への渡船があった。いまは草地の河原のみ
7 愛甲宿の庚申塔
5 岡田三嶋神社
玉川橋
大厳寺
円光寺
8
宿愛甲の道標
宿愛甲
愛甲石田の道標
東名高速道路
厚木IC
長徳寺
相川小
玉川
地蔵2体
酒井青少年広場
岡田
片平
酒井前田
厚木西IC
五輪塔群
稲荷社
道祖神
法雲寺
6 酒井寅薬師
愛甲石田駅
愛甲石田
小田原厚木道路
国道246号を陸橋で渡ると丸山城址へ行ける
浄心寺
道了尊入口
12 大山街道抜け道
石田
白金地蔵
厚木南IC
長龍寺
246
普済寺
不動尊の道標
9 小金神社・小金塚古墳
道祖神
庚申塔
新東名高速道路
歌川
道標
成瀬小
道祖神
丸山城址
11 高部屋神社
下糟屋宿
下糟屋の道祖神
大慈寺
13 咳止地蔵尊
10 太田道灌の首塚
下糟屋
伊勢原市役所
市役所入口
池端
N
伊勢原駅
Goal
0
1km

太田道灌や愛甲三郎
歴史上の人物が登場

厚木からのコースを歩いていると、フワッと青物のような匂いがした。それは木々の多い神社で感じたし、畑中の道を歩いていても鼻をくすぐってきた。木の匂いだろうか、土の匂いだろうか。大山街道で最後の繁華街である厚木を過ぎ、自然が濃くなったのだと思った。

　このコースで初めに感じたのは水の匂いである。まず相模川を渡って❶厚木村渡船場跡へ行く。渡辺崋山の来遊記念碑があり、崋山もここで川を越えたことがわかる。

　そのあとは水面こそ見えないが、相模川と並行するように南下する。厚木村の鎮守だった❷厚木神社、仁王がにらむ❸最勝寺、厚木村総鎮守だったという❹熊野神社、高木が小さな森を形作る❺岡田三嶋神社、小社ながら地域の信仰が篤い❻酒井寅薬師が続く。途中、岡田の渡しというかつての渡船場付近へ寄り道してみた。茫漠たる河原と光る相模川の水面。広い風景を見ながら、大山詣での旅人もしばし休息したかもしれないと想像を働かせる。

　相模川を離れて愛甲方面へ。途中には道祖神や稲荷社などがいくつかあって、旅人を見守ったことがわかる。

　愛甲は宿場であった。入り口付近に立つのは❼愛甲宿の庚申塔。石柱に彫られた「左大山道」の案内に従って進めば、大厳寺やこの地方の領主だった愛甲三郎ゆかりの❽円光寺といった古刹が続く。

　宿愛甲交差点を右折して愛甲石田駅前を通り、国道２４６号を５００ｍほど歩き、石田交差点で左折すれば交通量の少ない道となる。小田急小田原線の踏切を渡ると間もなく、右手の長龍寺の背後に木々に覆われた小山が見える。❾小金神社・小金塚古墳だ。この辺り、畑や林のある短いハイキング道といった趣で気持ちがよい。

　小田急線と新東名道路をくぐれば間もなく大山街道で最後の宿場の糟屋宿《かすやしゅく》に入る。黒板塀の旧家などもあり、町並みに落ち着きを感じる。

　宿内にある普済寺の石造多宝塔も見ておきたい。幕末に江戸幕府から蝦夷《えぞ》地へ派遣された僧侶が、任期終了後に蝦夷地の安泰を願って建てたものだ。造り、大きさとも素晴らしい。街道から南へ５分ほどのところに❿太田道灌の首塚があり、宿場の西寄りに背の高い茅葺社殿の⓫高部屋神社がある。

　下糟屋交差点で国道２４６号を渡り、東海大学病院前を過ぎるとやがて右から⓬大山街道抜け道が合流し、その先で⓭咳止地蔵尊に着く。ここから伊勢原駅までは15分ほどだ。

広い川幅と河川敷を見て
旅人の難儀を思う

❶厚木村渡船場跡

あつぎむらとせんばあと

河原に簡素な待合所があり、そこから旅人は相模川を渡った。冬の渇水期には土橋が架けられたという。大山街道と藤沢道、八王子道が合流する地点で、渡船は常時5艘あった。明治41年（1908）、相模橋の開通により廃止。

神奈川県厚木市東町8

烏山藩厚木役所跡は相模国内にある領地を管理した陣屋の場所

厚木の渡し石柱（左）のほか渡辺崋山来遊記念碑（右）が立つ

1000余年の歴史を刻む古社
厚木村の鎮守として親しまれる

❷厚木神社

あつぎじんじゃ

10世紀末の創建とされ、鎌倉時代に、屋島の戦いで知られる武将那須与一が眼病平癒の願掛けをしたとも伝わる。江戸時代までは牛頭天王（ごずてんのう）社という名称で、疫病除けの神として敬われた。境内には関東大震災の慰霊モニュメントもある。

神奈川県厚木市厚木町3-8

中央右の石柱は関東大震災で崩れた鳥居の一部

上／祭神は素戔嗚尊（すさのおのみこと）、五十猛命（いそたけるのみこと）など七柱
左／社殿は銅板葺き流造の拝殿に幣殿、本殿が連なる

怒りの形相の仁王像も
人を守る優しい心

③最勝寺《さいしょうじ》

木々の多い落ち着きある寺。16世紀初頭の創建と伝えられ、本尊の釈迦如来像は上杉謙信の持仏だったともいわれる。本堂前に露座の子安地蔵と閻魔堂があり、閻魔像は16世紀半ばの作と考えられる古いもの。

神奈川県厚木市旭町3-5-6

山門から入ると正面に入母屋造の本堂が見える

参拝者の多い閻魔像。寺と厚木村の人たちの守り神だという

渡辺崋山「厚木六勝図」内の「熊林（ゆうりん）の暁鴉（ぎょうあ）」の碑

小ぶりだが朱塗りの社殿が印象深い。背後の大イチョウは樹齢５００年と推定され、厚木市の指定天然記念物

県道６０１号からそれた細道に馬頭観音等石仏群がある

智音寺は智音神社ともいわれ神仏習合

簡素な小社が立ち
古くは厚木の総鎮守

④熊野神社《くまのじんじゃ》

古くは厚木村の総鎮守であった。明治6年（1873）、厚木神社に合祀されたが明治中期に分離し、現在地に戻っている。天保2年（1831）に厚木を訪れた渡辺崋山は、「熊林暁鴉」の題で熊野神社の杜を描いている。

神奈川県厚木市旭町3-14-3

御嶽神社はかつて杉の大木があった
岡田一本杉の地に立つ

社殿は関東大震災で倒壊。
現在のものは昭和34年(1959)の再建

イチョウなどの大木が繁る
一画は旧岡田村の総鎮守

⑤岡田三嶋神社

おかだみしまじんじゃ

雨乞いのために伊豆の三嶋大社を勧請したと伝わり、祭神は伊豆と同じ事代主命(ことしろぬしのみこと)。拝殿に掛かる社名の額は、江戸時代に当地に領地があった烏山藩の藩主が書いている。

神奈川県厚木市岡田4-19-5

左／元禄4年(1691)作の初代の鐘は戦時供出。現在は再建された梵鐘が下がる
下／関東大震災復興記念碑に当時の状況が記されている

上／細い参道の奥に立つ社殿
右／100mほど離れた位置に摩耗した道標が立つ。酒井寅薬師への道標といわれる

傑作と伝わる薬師如来は
寅年だけの御開帳

⑥酒井寅薬師

さかいとらやくし

南北朝時代に作られたと伝わる薬師如来を祀る。一説には平安時代の僧・恵心僧都(えしんそうず)の作ともいわれる。現在は秘仏で、12年に一度、寅年に開帳され、近隣から多くの信者が訪れて賑わう。

神奈川県厚木市酒井2476

旅人の道案内をした庚申塔
愛好宿のシンボルだった

❼愛甲宿の庚申塔《あいこうじゅくのこうしんとう》

玉川橋を渡った突き当り右手に3基の石造物が並び、左の大きい石柱が享保元年(1716)の銘がある愛甲宿の庚申塔。彫が深くはっきりとして、左側面に「大山道」、右側面に「あつぎ、江戸青山」とあるのが読み取れる。

神奈川県厚木市愛甲東2

庚申塔の立つあたりから愛甲宿に入る

大厳寺は高台にあり厚木市街方面の見晴らしがいい

右上／本尊の観音菩薩像が安置される本堂

上／愛甲三郎季隆の供養塔といわれる宝篋印塔。欠けたところや修復された部分もある

宿愛甲の交差点の角に立つ宿愛甲の道標。摩耗が激しい

鎌倉武士の
愛甲三郎ゆかりの寺

❽円光寺《えんこうじ》

鎌倉建長寺の佛覚禅師が開山した臨済宗の寺。源頼朝の家臣であった愛甲三郎季隆(すえたか)とゆかりがあり、墓域前に立つ宝篋印塔は季隆の供養塔と伝わる。季隆は愛甲庄を領有した後、山口姓を改姓し、愛甲を名乗った。

神奈川県厚木市愛甲東2-4-1

畑中の小高い森は
4世紀末の円墳

❾小金神社･小金塚古墳

こがねじんじゃ･こがねづかこふん

東西46.9m、南北48.9mの円墳で、高さは6.2m以上ある。周縁の堀から青銅製リングや4世紀末のものとされる朝顔形埴輪が発見された。現在はこんもりした森になり、山上に小金神社が鎮座し、山内は自由に出入りできる。

神奈川県伊勢原市高森1093

浄心寺は国道246号に面した浄土宗の寺。茅葺きの山門が美しい

左／弥生時代からの集落が営まれた後に造られた小金塚古墳
下／石段は古墳頂上にある小金神社の参道。立派な鳥居が立つ

古墳頂上にある小金神社。金山彦命(かなやまひこのみこと)を祀る

下糟屋宿の普済寺には見事な石造り多宝塔がある

白金地蔵は江戸時代末に子宝を願って建立された

右／大慈寺から渋田川沿いに3～4分歩いたところに首塚の案内が立つ
左／広い敷地の一角にある道灌の首塚。いつも花が供えられている

太田道灌ゆかりの地で
道灌の首塚に参拝する

⑩太田道灌の首塚《おおたどうかんのくびづか》

江戸城の築城で知られる太田道灌は、伊勢原市上粕屋にあった糟屋の館で暗殺されている。近くにある大慈寺が道灌の菩提寺で、この首塚は非業の死を遂げた道灌の首を埋葬したところと伝わる。

神奈川県伊勢原市下糟屋320

拝殿向拝の軒下には
亀と浦島太郎などの彫刻がある

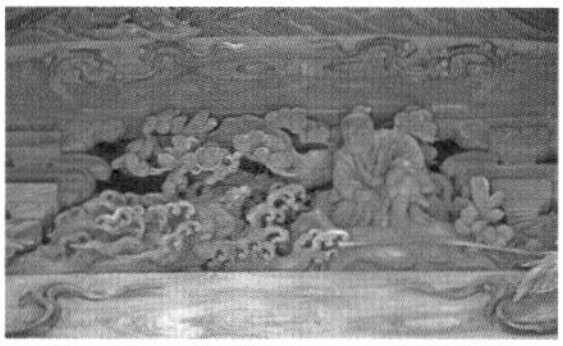

紀元前創建の古社は
茅葺きの拝殿が豪壮に迫る

⑪高部屋神社《たかべやじんじゃ》

由緒書きによれば創建は紀元前660年という古社。住吉大神ほか五柱を祀り、大住大明神とも呼ばれて崇敬された。拝殿は唐破風の向拝がある茅葺きの大屋根で、正面上部に山岡鉄舟の手による「高部屋神社」の社号額が掛かる。

神奈川県伊勢原市下糟屋2202

右／ケヤキの大木でしめ縄がかかるご神木
左／鳥居から真っすぐに拝殿へと参道が伸びる。右手のご神木はイチョウの大木

草地が広がる丸山城址。
鎌倉時代初期の
糟谷氏居城跡という

愛甲石田から寄り道せずに
咳止地蔵へと向かう参詣道

⑫大山街道抜け道《おおやまかいどうぬけみち》

愛甲石田駅に近い国道246号の石田交差点から、246号の南を通る本道に対して、北側を行く道が大山街道抜け道。成瀬中学前を経由し、咳止地蔵の近くで本道に合流する。庚申塔や道標が点在し、本道より200mほど短い。

不動尊をのせた道標は抜け道で一番大きい。
八王子道、厚木道との分岐に立つ

明治後期の庚申塔。
この頃から抜け道を通る旅人が
増えた

堂内に享保8年（1723）作の
石造り座像を安置する

咳や痰を抑える効果あり！
旅人からも信仰を集めた

⑬咳止地蔵尊《せきどめじぞうそん》

咳や痰を抑える地蔵として信仰が篤い。渋田川に架かるせきど橋のたもとにあるので、あるいは農業用水用に川を「せき止め」たのが咳止めに転化したともいわれる。まず泥だんごを供え、願いが叶うと米の団子をお供えした。

神奈川県伊勢原市下糟屋6-1

草地の一角に立つ地蔵堂。
堂前で休むこともできる

こま参道には豆腐料理、コマの店や宿坊が並ぶ

Course No.
8

伊勢原 ▸ 大山

太田道灌ゆかりの里から大山門前町へ

歩行距離 約9.6km

約2時間20分

歩数 約1万2800歩

Start 伊勢原駅
小田急小田原線
▼
1 三所石橋造立供養塔
▼
2 太田道灌の墓
▼
4 上粕屋比比多神社
▼
7 良弁滝・開山堂
▼
9 こま参道
▼
10 茶湯寺
▼
Goal 大山ケーブルバス停
神奈川中央交通バス

阿夫利神社駅
大山ケーブルカー
大山寺駅
大山ケーブル駅
Goal
10 茶湯寺
9 こま参道
もみじ坂
千代見橋
大山ケーブル
8 豆腐坂
良弁滝から開基橋を渡り、道の向かいから急坂の豆腐坂を登る
7 良弁滝・開山堂
愛宕橋
愛宕滝
大山阿夫利神社社務局
加寿美橋
新玉橋
大山小
大山郵便局
新玉橋を過ぎると道沿いに宿坊が並ぶ大山阿夫利神社の門前町が始まる
三の鳥居
鈴川
地蔵院易往寺
地蔵尊と水神
6 這子坂
5 宗源寺の「ぼた餅あみだ」
龍泉寺
4 上粕屋比比多神社
伊勢原大山IC
緩い上り坂。大山の山すその上りが始まる
石倉
産業能率大
新東名高速道路
石倉橋
3 上粕屋神社
七人塚
2 太田道灌の墓
台の道標
洞昌院
山王中学校前
1 三所石橋造立供養塔
〆引の道標
右側に細い用水が流れる未舗装路
63
県営峰岸団地
三本松
東名高速道路
ヤマト運輸の向かいから未舗装の果樹園沿いの道へ入っていく
峰岸団地入口
ヤマト運輸
咳止地蔵尊
大山街道抜け道
市米橋
246
伊勢原
市役所入口
伊勢原市役所
小田急小田原線
伊勢原駅
Start
N
0
500m

神社仏閣に寄りながら大山の参道を上る

歩いていて上り坂を感じたのは、このコースの前半3分の1ほどの、東名高速道路を過ぎたあたりからだった。わずかながら大山の登りが始まったのだ。スタートした伊勢原駅の標高が33mで、このコース上の最高標高点の大山ケーブル駅が400mだから、ちょっとした山登りなのである。「いよいよお山だ」という実感がわいてきたものである。

伊勢原駅から前コースの咳止地蔵尊近くを通り、❶三所石橋造立供養塔へ。用水路に架けた橋を供養するとは不思議だったが、往来が便利になり、うれしかったのだろうと想像する。大山街道では他の場所でも橋の供養塔を見ることができる。

❷太田道灌の墓では、前コースの太田道灌の首塚とともに道灌とこの地方の結びつきを確認した。道灌は生まれも伊勢原だったとの説があるのだ。信仰心が強かったから❸上粕屋神社や❹上粕屋比比多神社にも参拝していたかもしれない。道灌の暗殺された上杉氏の糟屋館は現在の産業能率大学の付近だから、2つの神社の間に位置している。

❺宗源寺の「ぼた餅あみだ」は、願をかけて叶ったらぼた餅を供えるというもの。いまでも行われているのかと思ったら、「もう何年も見たことがないなあ」とは檀家の方のお話。続いていることを期待していたのだが……。

宗源寺は高台に立っていることもあって眺めがいい。この辺りは大山の麓にあたり、標高が上がってきているのだ。急斜面を感じるのは❻這《はい》子《こ》坂《ざか》で、短い坂ながらぐんぐんと上る。江戸時代はもっと傾斜がきつかったというから、あたかも這って上るようだったのだろう。

三の鳥居をくぐれば門前町の始まり。さらに新玉橋を渡れば宿坊が軒を並べるように現れる。講中の名称が入った石柱の玉垣が続き、講中の名称入りの「まねき」を掲げる宿坊もある。大山阿夫利神社社務局のある旧道は、そんな先導師（御師）の宿が上り傾斜の道沿いに続いている。

上るにつれて参拝ムードが次第に高まり、大山を開山した僧・良弁ゆかりの❼良弁滝・開山堂、参詣の清涼法にちなむ❽豆腐坂、大山名物の奉納太刀も売るみやげ店街の❾こま参道が連続する。❿茶湯寺へ寄り道して再びこま参道を行けば大山ケーブル駅で、標高差ほぼ400mを登りきる。

帰路はこま参道を下り、大山ケーブルバス停からバスで伊勢原駅へ戻る。

双体道祖神と五輪塔が立つ〆引きの道標。台座に「七五三引村」(しめひきむら)と刻まれている

住民たちが用水路に橋を架け
交通の便を図った

❶三所石橋造立供養塔

さんしょいしばしぞうりゅうくようとう

千石用水と呼ばれる用水路に、3カ所の石橋を架けた記念塔。石橋は台久保、石倉、川上の3カ所で、この供養塔の場所には台久保の石橋があった。夏はホタルも飛び、人々を和ませたという。

神奈川県伊勢原市上粕屋895

右／供養塔には建立に尽力した人々の名前が刻まれている
左／江戸時代、供養塔の前に立つ旅人を想像して描いた図。大山が美しい

太田道灌の胴体を
埋葬した場所

❷太田道灌の墓

おおたどうかんのはか

太田道灌が開基した洞昌院の裏手の墓地に、やや広い敷地を所有して太田道灌の墓が立つ。上杉氏に仕えていた道灌は、この近くの糟屋にあった上杉館で主君の上杉定正に暗殺され、ここに胴体を埋葬したという。

神奈川県伊勢原市上粕屋1160

右／洞昌院の石柱山門と本堂。山門に扉をつけないのがこの寺の習わし
左／太田道灌の墓である宝篋印塔。伊勢原市の指定文化財になっている

七人塚は襲われた道灌を守って死んだ七人の家来を弔った場所

右下／唐破風の向拝を持つ社殿。18世紀中頃の建築とされる
下／杉並木が長く真っすぐに延びる趣のある参道

上粕屋村の鎮守
中世の上杉氏も庇護した

③ 上粕屋神社

かみかすやじんじゃ

9世紀初頭に近江の国から日吉神を勧請して創建したと伝わる。また奈良時代に僧・良弁（ろうべん）が興したともいう。祭神は大山咋神（おおやまくいのかみ）ほか。かつては山王権現と称し、徳川幕府の庇護を受けて尊崇された。

神奈川県伊勢原市上粕屋1334

社歴1300年の古社
浮世絵の絵馬が見事

④ 上粕屋比比多神社

かみかすやひびたじんじゃ

奈良時代初期の創建といわれ、子易明神との別名のように、安産祈願にご利益があるという。拝殿前の柱を削って飲むと安産できるといわれた。奉納されている浮世絵師・歌川国経作の「美人図絵馬」は神奈川県の重要文化財。

神奈川県伊勢原市上粕屋1763-1

上右／鳥居の脇に「子宝安産」をアピールする案内が立つ　上左／拝殿に掲げられた何枚もの絵馬。歌川国経の「美人図絵馬」もある
左／金細工と朱塗りの華麗な拝殿。前面の柱は削られないように鉄棒で保護されている

上／金色の阿弥陀如来が祀られる。最近はぼた餅奉納の習慣は少ないという
右／小ぢんまりした本堂。格子窓から阿弥陀像を拝観することができる

ほうきを持った小僧の石像などがあり、整頓された境内

小堂に阿弥陀像を安置
ぼた餅奉納がユニーク

5 宗源寺の「ぼた餅あみだ」

そうげんじの「ぼたもちあみだ」

上粕屋比比多神社の裏手の坂を上った高台にある。屋根に宝珠を載せた立派な堂宇があるが、向かって立つ小堂が本堂。阿弥陀如来を祀り、願い事をして叶うとぼた餅を奉納したという。境内からは眺めがよく東名高速道路も見下ろせる。

神奈川県伊勢原市上粕屋1962

龍泉寺は釈迦如来を祀る曹洞宗の寺。高台で眺めがいい

地蔵院易往寺。平安時代の大山の地震の際に避難所として建てたという

赤子だけでなく大人も
這い上るほどの急坂だった?!

6 這子坂 はいこざか

這って登るような急坂だったためこの名が付いたが、改修された現在はそれほどでもない。長さは200mほどだが、この坂を上っていた赤ん坊が鷹にさらわれたという話が伝わっている。

神奈川県伊勢原市子易

右／坂の途中には地蔵と水神が祀られている
左／坂下から見上げる這子坂。右に坂の名を記した石柱が見える

門前町の始まりを告げる三の鳥居。晴天時は背後に大山が見える

「関東名所図絵 相模大山良弁之瀧」歌川広重／大正時代の複製
納太刀（おさめだち）を持った参詣者が良弁滝で身を清める様子が描かれている

大山開山の良弁にまつわる聖地
この滝で身を清めて参詣へ

◆7 良弁滝・開山堂《ろうべんだき・かいざんどう》

大山を開いた奈良時代の僧・良弁（ろうべん）が最初に水垢離をとったといわれる滝。落差約3m。隣接する開山堂には良弁が43歳の時の像と、幼児の良弁が猿に助けられたとの伝説から猿が童子を抱いた像が安置されている。

神奈川県伊勢原市大山471

上／たくさんの千社札が貼られた堂内。良弁は正面に祀られている
右／水量は少ないが、滝水は龍の口から落ちている

急坂を登る暑い夏
豆腐で体を冷やした

◆8 豆腐坂《とうふざか》

かなりの急坂である。良弁滝に近い開基橋の前から、上部の千代見橋まで約300m。大山開山の夏、参拝の講中などが大山名物の豆腐を掌にのせ、すすりながら上ったといわれる。途中には民家に交じって宿坊や飲食店が点在する。

神奈川県伊勢原市大山

昔ながらの道幅は狭く、旧道らしい。
車は下からの一方通行

坂の途中に諏訪神社がある。地元では「お諏訪さん」と呼ぶ

大山阿夫利神社の参道
名物のこまと豆腐料理を

⑨こま参道《こまさんどう》

大正12年（1923）の関東大震災後に造られた参道。名物の大山こまを販売したのでこの名が付いたという。階段は362段あり、途中には大山こまやきゃらぶきなどのみやげ店、豆腐料理をはじめとした飲食店が並んでいる。

階段が多いので、みやげ店を眺めながらのんびりと進もう

豆腐料理は季節で変わる。梅コース3300円

とうふ処 小川家

個室で豆腐料理がいただける

純和風の趣深い佇まいが好評。ゴマ豆腐や優しい味わいの蒸し豆腐など、見た目も楽しい料理を一品ずつ提供してくれる。

神奈川県伊勢原市大山637／11時30分～16時30分／不定休／☎0463-95-2270

きゃらぶきをはじめ、ふきのとうや葉唐辛子などの佃煮が並ぶ

大津屋きゃらぶき本舗

明治5年（1872）創業。昔から変わらぬ製法で作られたきゃらぶきは醤油の風味が濃厚。5代目店主が考案した甘口きゃらぶきもおすすめ。

神奈川県伊勢原市大山618／9時～16時30分／不定休／☎0463-95-2704

ご飯にも酒にも合うきゃらぶき540円

全国にファンが多いという大山こま。写真は28号（直径8.5㎝）2100円

ひょうたんにこまが入る「ひょうたんからこま」などオリジナルこまも好評

金子屋支店

幸運をもたらす縁起物の大山こまを販売。大山こま（直径7cm）1300円～をはじめ、からくりこまやひねりこまなどが並ぶ。製作風景も見学できる。

神奈川県伊勢原市大山585／8時～17時／不定休／☎0463-95-2262

大山ウルワシ本舗

こんにゃく芋から作る自家製のこんにゃくは歯ごたえがよく、おいしいと評判だ。生いもこんにゃく450円。みそ田楽400円。

神奈川県伊勢原市大山615-1／9時～17時／不定休／☎0463-94-5352

特産の柿とコンニャクを使用する「柿しぐれ」も人気

歴史を感じさせ風格がある門構え。かつては宿坊だったという

和仲荘《わちゅうそう》

大山豆腐料理発祥の老舗店。自家製にこだわった豆腐料理が食べられる。豆腐グラタンなど和洋のバリエーションも豊富だ。

神奈川県伊勢原市大山580／11時30分～15時／不定休／☎0463-95-2028

豆腐料理は3品、5品、7品。写真は5品（菓子付き）2750円

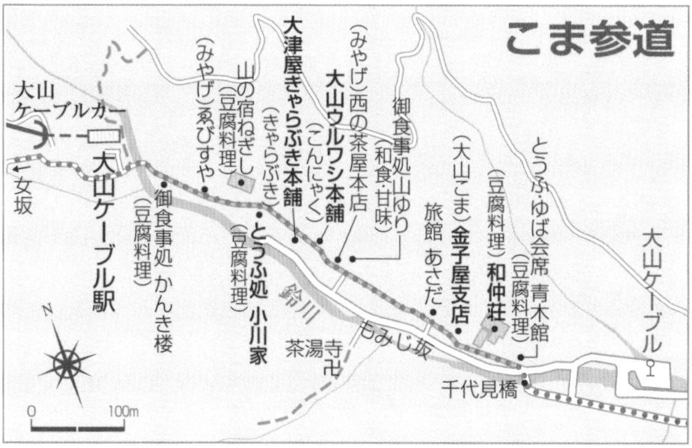

もみじ坂は旧参道。坂に沿って流れる鈴川沿いにモミジが多い

上／木々に覆われた参道の石段沿いに石仏が並んでいる
右／庫裏（くり）から本堂前の境内。奥にも石仏が並ぶ

百一日参りの寺
山内には石仏が多い

⑩茶湯寺《ちゃとうでら》

死者の霊を101日の茶湯で供養する百一日参りで知られる。供養を終えた後の参拝では、故人に似た人に会えるとの言い伝えがある。本尊の涅槃仏（ねはんぶつ）はいわゆる寝釈迦。伊勢原市の文化財になっている。

神奈川県伊勢原市大山744

お耳拝借 4 omimihaisyaku

❖落語「大山詣り」《らくご「おおやままいり」》

江戸時代、大山阿夫利神社にお詣りすることが流行した。ある長屋の一行がお詣りに出かけたが、いつも酒を飲むと大暴れをする熊さんには、「喧嘩をして暴れたら丸坊主にする」と約束をして連れていくことにした。

行きは何事もなく、参詣を済ませて神奈川宿まで戻ってくると、気が緩んだ熊さんは酔って暴れて、仲間たちを殴った末に大いびきをかいて寝てしまった。

怒った一行は寝込んだ熊さんを丸坊主にして、先に帰ってしまった。翌朝、頭を触った熊さんは驚いた。すぐに駕籠を仕立て、長屋の連中を追い抜き、長屋に戻ると、おかみさんたちを集めて「金沢八景を見物して、舟に乗ったが転覆し、自分だけが助かった。死んだ仲間を供養するために頭を丸め、坊主になった」と話す。

そして、「亭主が恋しければ尼になって供養をするのが一番」といい、かみさんたちを坊主にしてしまった。そこに帰ってきた長屋の連中は女房の頭を見て怒り出すが、大家の吉兵衛さんは、「お山は晴天、家へ帰ればみんなが坊主、お毛が（怪我）なくっておめでたい」と大笑い。

大山詣りには、源頼朝の戦勝祈願に由来する大きな納太刀をかついで行った

女坂を登る。傍らで七不思議の地蔵がほほ笑む

Course No. 9

大山

女坂から下社へ。さらに大山山頂を目指す

歩行距離 約7.2km

約3時間40分

歩数 約9600歩

Start 大山ケーブルバス停
神奈川中央交通バス

↓

1 大山ケーブルカー

↓

2 男坂・女坂

↓

3 雨降山大山寺

↓

大山阿夫利神社下社

↓

大山阿夫利神社本社

↓

大山ケーブルカー
阿夫利神社駅

↓

Goal 大山ケーブルバス停
神奈川中央交通バス

※このコースは登山のため、他コースと所要時間の計測基準が異なります

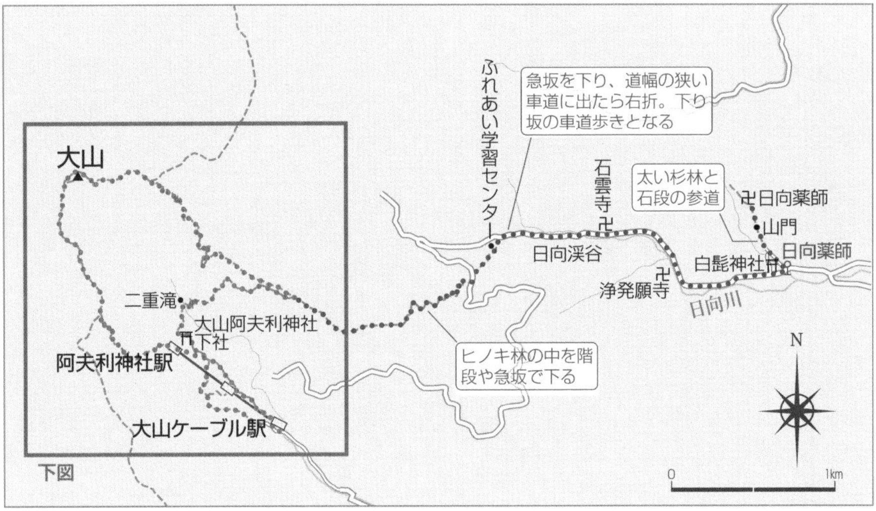

急坂を下り、道幅の狭い車道に出たら右折。下り坂の車道歩きとなる
ふれあい学習センター
石雲寺
太い杉林と石段の参道
日向薬師
山門
日向薬師
白髭神社
日向渓谷
浄発願寺
日向川
大山
二重滝
大山阿夫利神社下社
阿夫利神社駅
ヒノキ林の中を階段や急坂で下る
大山ケーブル駅
下図
N
0
1km

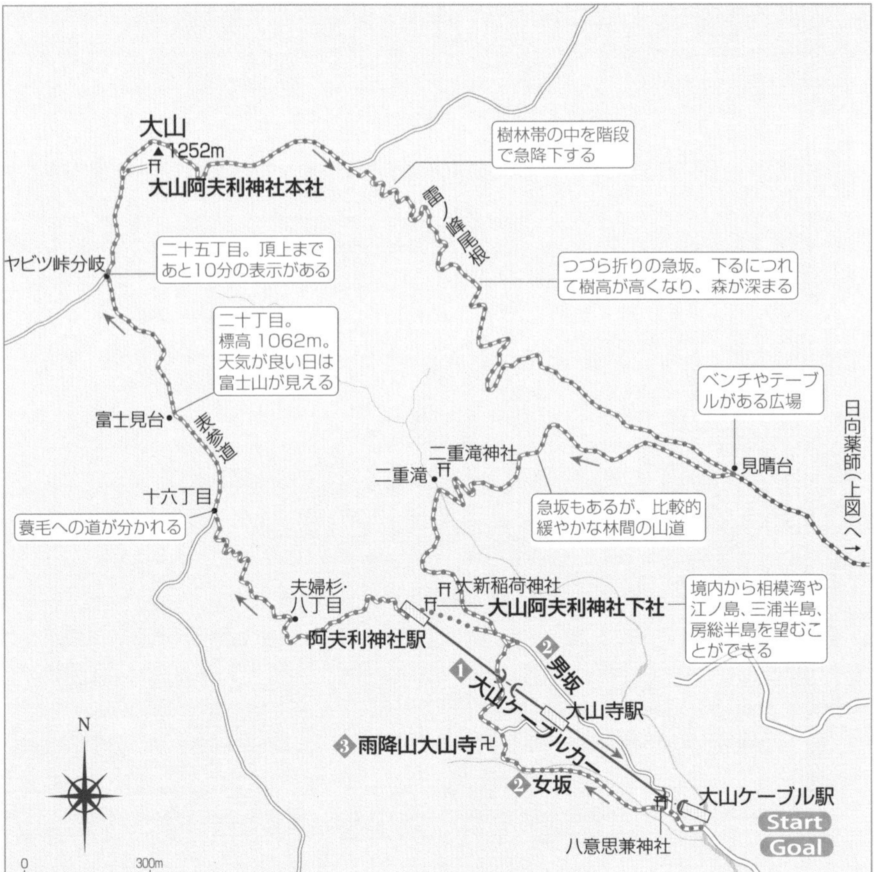

大山
1252m
大山阿夫利神社本社
樹林帯の中を階段で急降下する
雷ノ峰尾根
二十五丁目。頂上まであと10分の表示がある
ヤビツ峠分岐
つづら折りの急坂。下るにつれて樹高が高くなり、森が深まる
二十丁目。標高 1062m。天気が良い日は富士山が見える
ベンチやテーブルがある広場
富士見台
表参道
日向薬師(上図)へ→
二重滝神社
二重滝
見晴台
十六丁目
蓑毛への道が分かれる
急坂もあるが、比較的緩やかな林間の山道
夫婦杉・八丁目
大新稲荷神社
大山阿夫利神社下社
境内から相模湾や江ノ島、三浦半島、房総半島を望むことができる
阿夫利神社駅
2 男坂
1 大山ケーブルカー
大山寺駅
3 雨降山大山寺
2 女坂
大山ケーブル駅
Start
Goal
八意思兼神社
N
0
300m

大山の登山に備え
体調と装備を整える

　街道歩きといってもこのコースは登山である。登山靴にザック、雨具などの用意をして歩きたい。

　大山ケーブルバス停からこま参道を❶大山ケーブルカーの大山ケーブル駅まで歩く。❷男坂・女坂のスタート地で、急な登りはここから始まる。とくに男坂は急傾斜の登り階段や坂が連続するので、それに比べれば楽な女坂を行くことにする。自然林の中を登り、木々の緑や鳥の声が励ましになる。女坂には弘法大師が杖で突いたら水が湧いた弘法の水、幹より根元が細い逆さ菩提樹など、「女坂の七不思議」があるので、それも登山の面白みの一つだ。

　25分も登ると❸雨降山大山寺に到着。見上げるような高さの石段はカエデの木々に覆われ、紅葉期の美しさを想像させる。境内から厄落しのかわらけ投げができ、谷に設置された輪に向けて素焼きの皿を3枚投げる。寺の人が言った。「1枚目で厄を落とし、2枚目で願い事をかなえ、3枚目で輪を通れば幸せになる」。さて結果はいかに。

　大山寺の先は、さらに急傾斜になった登り道を経て大山阿夫利神社下社に到着。大山街道を歩いてきた目的地であり、「ついに来たな」と感慨がわく。大きな拝殿がひときわありがたく思えるのだ。参拝を終えたら、展望を楽しもう。相模湾に浮かぶ江の島が見えれば全体の位置感覚がつかめる。房総半島まで見通せる日はラッキーである。拝殿の右横から入る地下巡拝路には神水が湧いているので、水筒に水を満たしてこれからの大山山頂登山に備えたい。

　境内の西寄りにある登拝門をくぐって山頂へ向かう。コースは前半が急登。樹林帯の中なので展望がきく場所は少ないが、16丁目で樹間から見える伊勢原の街並、富士見台からの富士山が見られるとうれしい気分になる。なによりも山頂からの展望はありがたい。大山阿夫利神社本社に参拝し、下社とは一味違った高所からの眺めを楽しもう。

　下山は階段やつづら折りの道で急降下。このコースを登る場合はさぞかし苦労だなと思う。見晴らし台まで下り、大山山頂方面を振り返ると、一仕事終えたなという安堵感が湧くだろう。

　見晴台からは傾斜はあっても歩きやすい山道となり、大山阿夫利神社下社へ戻る。帰路はケーブルカー利用で下り、こま参道を歩いて大山ケーブルバス停まで行く。

大山阿夫利神社《おおやまあふりじんじゃ》

大山の中腹にある壮大な下社社殿
登山者もここで安全祈願する

下社《しもしゃ》

明治時代の廃仏毀釈のあと、阿夫利神社の名称でこの場所に社殿を置いた。秋季例大祭では山麓の社務局まで神輿が男坂を下る

大山名水《おおやまめいすい》

下社拝殿下に湧水を汲める神泉があり、多くの参拝者がペットボトルなどに汲み取ってゆく

参道《さんどう》

大山ケーブル駅から上る長い石段。下社まで参拝の大山街道歩きでは最後の登りになる

境内自由／神奈川県伊勢原市大山355／☎0463・95・2013（大山阿夫利神社社務局）

創建は紀元前97年頃と伝えられる。大山寺とともに長く神仏習合の時代が続いたが、明治になって分離。現在は大山中腹の標高７００ｍのところに下社があり、１２５２ｍの山頂に本社を置く。

下社へは大山ケーブル終点の阿夫利神社駅で降りてすぐ。参道の石段を上れば拝殿前の境内となる。晴天時の眺望が素晴らしく、山麓の森を越えて相模湾や江ノ島、三浦半島から房総半島まで見通せる。ミシュラングリーンガイド二つ星の眺めだ。

鳥居をくぐって真っすぐ拝殿に参拝。拝殿右手から地下巡拝路へと入ると大山名水がある。酒造りにも使われているという大山の湧水だ。巡拝

大山山頂《おおやまさんちょう》

写真は山頂直下の高龗神を祀る前社のある付近。山頂には社務所があり、御朱印や登山証などが受けられる

境内からの眺望《けいだいからのちょうぼう》

写真上部の左寄りに見えるのが江の島。この写真では房総半島までは見えない

十六丁目《じゅうろくちょうめ》

標高992m。高さ3.6m余の追分の碑が立つ。この辺りから登り傾斜が少し緩くなる

登拝門《とうはいもん》

山頂への登り口。通常は片開きだが、7月27日の夏山開きで東京日本橋講中のお花講によって両開きに開かれる

本社・奥社《ほんしゃ・おくしゃ》

山頂にある本社は簡素な造り。写真の奥社との間の小さな広場では食事や休息をとる人が多い

路にはさざれ石や長さ6mもある納太刀が展示されている。

境内にある末社の浅間社は、祭神が木花咲耶《このはなさくや》姫《ひめ》。父である大山祇命《おおやまつみのみこと》が阿夫利神社の祭神であり、ゆかりが深い。大山と富士山のどちらにも参拝することを「両参り」という。

水をつかさどる高龗神《たかおかみのかみ》も大山の祭神だが、雨降山《あめふりやま》ともいう大山とつながる。この地に雨が多いのは、湿った相模湾からの気流が山腹にあたって上昇し、雲となって雨を降らせるからだ。

本社への参拝は急傾斜の登山となる。境内左奥にある登拝門が入り口で、山頂まで約1時間30分。山頂には本社のほか後方に奥社もある。展望も下社に劣らず見事だ。

阿夫利神社下社参拝や
大山登山がグンと楽に

❶大山ケーブルカー《おおやまけーぶるかー》

大山の山麓から大山阿夫利神社下社のある中腹までの急斜面を運行する。運行距離800m、高低差278mを6分でつなぐ。麓の大山ケーブル駅を0分、20分、40分の1時間3本発。途中に大山寺駅がある。

9時～16時30分（土・日曜、祝日は～17時）／無休／片道640円、往復1120円（繁忙期は1270円）／神奈川県伊勢原市大山667／☎0463-95-2135

大山駅の上部を走るケーブルカー。車両は大山寺駅で交差する

女坂にも石段があり、山歩きに慣れない人にはなかなか手強い

階段の多い男坂を行くか
七不思議の女坂を行くか

❷男坂・女坂《おとこざか・おんなざか》

大山ケーブルカーの線路を挟むようにつけられた2本の登山道。男坂は石組みの急階段や急坂の連続で登りの所要約35分、女坂は比較的緩い坂と石段となり所要約45分。女坂では七つの不思議な現象が伝えられている。

神奈川県伊勢原市大山

左／女坂七不思議の2番目、子育て地蔵。顔が通常の表情からなぜか童顔に変わったという
下／石仏が立ち並ぶ山道を歩けば、厳かな気分にさせられる

修験の山である大山は
この寺から始まった

❸雨降山大山寺《あぶりさんおおやまでら》

天平勝宝7年（755）、僧・良弁が開山。神仏習合の江戸時代、伽藍は今の阿夫利神社下社の位置にあり、大山詣りはこの寺を目指した。明治の神仏分離で女坂途中の現在地に移転。不動明王を祀り、大山不動とも呼ばれる。

神奈川県伊勢原市大山724

参道の急階段を登った上に現れる本堂。相模湾の展望がいい

40代からの街道歩き

成田街道編

成田山新勝寺平和の大塔

佐倉武家屋敷

成田山表参道

海隣寺千葉家供養塔

成田街道とは

散策前に知っておきたい基礎知識

成田街道とは

成田街道は、水戸街道の新宿《にいじゅく》（東京都葛飾区新宿）から分岐して船橋や佐倉を経由して成田山新勝寺に至る参詣の道。新宿は日光街道千住宿で分岐した水戸街道の1つめの宿駅で、上宿、中宿、下宿で構成されていた。下宿の東端、現在の国道6号中川大橋東交差点付近に水戸街道と成田街道の追分があり、かつてこの地に水戸街道石橋供養道標が建てられていた。

　この道は、佐倉藩や多古藩が参勤交代に利用した道であり、江戸幕府が公道として定めた新宿～佐倉間は、幕府の公式文書では「佐倉街道」と記されていた。元禄16年（１７０３）に江戸深川永代寺で出開帳（Ｐ１０６参照）が行われてから成田山信仰が盛んになり、多くの成田詣での旅人が通るようになり、以来、「成田街道」と呼ばれるようになった。

　成田街道は、新宿～成田ルートのほか、日本橋から水路で江戸川を遡り、行徳で上陸して行徳街道（Ｐ１２７参照）を経て成田に向かうルートもあった。このほか、関宿（現千葉県野田市）から利根川を船で下り、印旛沼の畔の安食《あじき》で上陸して新勝寺へ向かうルート、佐原（現千葉県香取市）から大栄を経て新勝寺に向かうルートなどいくつもの道が確認されている。

成田詣での宿場町

本書で紹介するルートは、新宿～市川宿～八幡宿～船橋宿～大和田宿～臼井宿～佐倉宿～酒々井宿を経て成田に至る全長約52kmの道のり。健脚であれば2～3回で歩ける距離だが、船橋や佐倉は見どころも多く、ちょっと寄り道すれば柴又帝釈天や中山法華経寺といった大寺もあるので、のんびりと街道歩きを楽しみたい。

　船橋宿は成田街道最大の宿場で、飯盛り女も多く、歓楽街でもあった。成田詣での旅人で賑わうとともに、船橋大神宮の門前町として、また、幕府献上の漁場としても栄えた。

　成田街道のほぼ中間に位置する大和田宿は、

初詣での参拝者は300万人を数え、明治神宮に次いで日本第2位の人出

藤原時平の子孫が住んだといい、時平ゆかりの史跡が残る。臼井宿は臼井城の城下町。佐倉宿は、老中土井利勝によって築かれた佐倉城の城下町。商人町であった新町通りでは、今も間口が狭く奥行が長い町屋が残る。佐倉城址公園には国立歴史民俗博物館があるので、このエリアは時間をたっぷりとって訪れたい。

「井戸から酒が出た」という伝説がある酒々井宿は、戦国期に本佐倉城の城下町として栄え、江戸後期からは成田詣での旅人で賑わった。

酒々井からは国道51号を北上する。郊外のロードサイドでよく見かけるチェーン店や中古車店などが立ち並ぶ道に、ぽつりぽつりと地蔵尊や馬頭観音などの史跡が点在し、歴史のある道であることがわかる。成田街道に「成田駅」の案内が出てきたら、飲食店やみやげ店などが立ち並ぶ表参道を経てほどなく成田山新勝寺にたどり着く。

『成田山開帳参詣群衆之夕景』
国郷(くにさと)／安政2年(1855)
深川永代寺境内で行われた出開帳を描いたもの。
江戸庶民に成田詣でが流行したきっかけとなった

コース6／成田山新勝寺（P170）

千葉県

コース5／佐倉城址公園（P151）

コース4／
加賀清水公園（P143）

成田街道全図

コース1／
山王日枝神社（P110）

コース1／柴又帝釈天（P116）

コース3／
百庚申のある塚（P133）

コース2／葛飾八幡宮（P120）

コース2／
中山法華経寺
（P128）

❖成田屋と出開帳《なりたやとでかいちょう》

**成田山新勝寺と歌舞伎・市川團十郎との縁。
「成田屋」という屋号をもつ市川一門が、
成田山出開帳で披露した成田不動尊の演目が、
江戸庶民に成田詣でを流行させた。**

拍子木が鳴り響き、幕が開くと、大向こうから「待ってました!」「成田屋」という声が掛かる。成田屋とは、初代市川團十郎を祖とする市川一門の屋号で、成田屋の名は成田山新勝寺に由来する。

初代市川團十郎の父・堀越重蔵は、下総国埴生郡幡谷（現成田市幡谷）の出身で、成田不動尊を深く信仰していた。初代團十郎は、14歳の初舞台で演じた『四天《してん》王稚立《のうおさなだち》』の坂田金時役で、顔に紅や黒の隈取りをして大立ち回りを行う荒事で人気を博し、やがて江戸随一の人気役者となった。

しかし、初代團十郎は子宝に恵まれなかったため、父の代から信仰していた成田不動尊に祈願したところ男子（2代目團十郎）を授かった。これは不動尊の霊験であると感激した團十郎は、以来、好んで不動尊をテーマにした歌舞伎を演じるようになる。

2代目は10歳のときに初舞台を踏み、親子競演を演じる。この舞台で2代目は不動明王の分身の役を演じたが、見物人からは「成田屋」の掛け声が掛けられるようになる。これが「成田屋」の始まりで、歌舞伎における屋号の始まりとされる。

上／赤ちゃん(8代目)を抱いた7代目。この絵は平和大塔で観られる
左／新勝寺額堂(焼失)は7代目團十郎の寄進。現存の額堂内に7代目の石像がある

上／成田不動の分霊を祀る深川不動堂。
右／外壁に梵字（不動明王真言）を散りばめた本堂

出開帳の歴史を紡ぐ 深川不動堂

元禄16年（1703）、江戸深川の永代寺で出開帳が行われた。出開帳とは、寺の本尊や秘仏などを他の土地に運んで行う開帳のこと。

出開帳では、初代市川團十郎が不動明王の御利益をテーマにした歌舞伎を演じた。芝居の入場料を払わずに人気役者の顔を間近で拝めるとあって、大変な人出となり、永代寺の門前や境内はまるで祭りの時のような賑わいとなった。（P103参照）

團十郎の芝居によって成田不動尊への関心が高まり、成田山新勝寺の名が広く江戸庶民に知られるようになり、成田詣でが流行する。

永代寺は明治初年の神仏分離により廃寺となり、跡地には深川不動堂が立ち、成田山東京別院として永代寺の歴史を引き継いでいる。

宝林寺のタブノキの下には何体もの石造物が並ぶ

Course No. 1

新宿▶八幡

最初の難関「江戸川」を市川橋から見る

歩行距離 約10.6km

約2時間35分

歩数 約1万4100歩

Start 亀有駅
JR総武線

▼

1 西念寺

▼

2 山王日枝神社

▼

5 親水さくらかいどう

▼

8 旧御番所町の慈恩寺道道標

▼

10 市川関所跡

▼

12 諏訪神社

▼

Goal 本八幡駅
JR総武線

Start
亀有駅
常磐線
中川
アリオ亀有
亀有二
中川橋
葛飾区郷土と天文の博物館
1 西念寺
2 山王日枝神社
追分の道標
中川大橋東
中川大橋東交差点から国道6号を南西へ40mほど歩き、左折して住宅街の道へ入る
亀田橋駐在所
3 下河原地蔵堂
4 崇福寺
高砂の商店街
高砂八
金町駅
京成金町駅
水戸街道
6
柴又街道
京成金町線
東京外環自動車道
江戸川
柴又帝釈天
矢切の渡し
柴又駅
青砥駅
京成高砂駅
桜道中
旧佐倉街道の道標
旧佐倉街道の道標から江戸川近くまで桜並木が続く
新柴又駅
柴又五
環七通り
中川
新金貨物線
318
5 親水さくらかいどう
北総鉄道
成田スカイアクセス線
京成本線
307
新中川
気持ちのよい土手上の道を歩き、天祖神社の手前で土手下の道へ下りる
京成小岩駅
天祖神社
6 真光院
小堂内に里見氏ゆかりの高さ一寸八分の観音像を祀る
光ヶ嶽観音堂
60
総武線
小岩駅
9 宝林寺
江戸川駅
1
7 北野神社
8 旧御番所町の慈恩寺道道標
小岩市川の渡し跡
市川橋
国府台駅
千葉街道
14
江戸川
10 市川関所跡
観音寺門前の庚申堂
市川広小路
西消防署
市川真間駅
市川駅
11 市川・新田境の庚申塔
12 諏訪神社
胡録神社
菅野駅
新田・平田境の道標
菅野駅入口
京成八幡駅
298
N
0
1km
都営新宿線
本八幡駅
14
Goal

寺社巡りの東京から江戸川を渡って市川へ

成田街道のほとんどは千葉県内だが、初めの一部分だけ東京都内の道となる。江戸川を越えて千葉県へ入るわけだが、川一本で雰囲気はずいぶんと違った。寺社の多い都内は木々が繁り比較的静かで、国道14号を歩く千葉県市川市では車が多く、沿道にビルが並び、繁華である。

水戸街道の宿場であった新《にい》宿《じゅく》が本書の成田街道の起点である。宿場内にあった寺社が江戸時代に大寺であった❶西念寺と、9月の例祭で神輿が出る❷山王日枝神社だ。町に宿場の雰囲気はほとんど残っていないが、両社寺が歴史を伝えている。

国道6号を渡り、住宅地の道を行く。亀田橋駐在所の先にある❸下河原地蔵堂は、堂内に立つ道標に「左さくら海道」と彫られていて、今でも道案内の役目を果たせる。

徳川家譜代筆頭であった酒井家の菩提寺である❹崇福寺に参拝し、京成金町線の高架をくぐれば桜並木の続く❺親水さくらかいどうになる。この先は、江戸川を見下ろす土手上の道を行くのがおすすめ。

門前に馬頭観音などがある❻真光院を経て、京成本線の江戸川駅の下を抜ける。この辺り、江戸時代は御番所町といわれたところだった。江戸川河川敷に小岩の関所(御番所)があったからだ。旅人は関所で調べられたあと、渡し船で市川へ向かった。御番所町には❼北野神社があるほか、❽旧御番所町の慈恩寺道道標が立つ。当時参拝客が増えていた慈恩寺(埼玉県岩槻)へ向かう道を示したもの。成田街道だけでなく、各地の札所めぐりも盛んになっていたことがわかる。❾宝林寺も御番所町の町内であり、門前の庚申塔は住民が建てている。

江戸川の交差点で国道14号とぶつかる。市川橋の上から見る江戸川は滔々《とうとう》とした流れで、渡し船も楽ではなかったのではないか。渡り終えた船着き場が市川側の関所があったところで、川の土手上に❿市川関所跡として記念施設が造られている。

国道14号を東へ進む。⓫市川・新田境の庚申塔は道標も兼ねていて、東へ行けば八幡、西方向は江戸両国などと彫ってある。庚申塔から７００ｍほど先にある⓬諏訪神社は、黒松などが繁る社叢林がなぜか海を感じさせた。

諏訪神社から14号を８００ｍほど行くと右から行徳から来た行徳街道が合流。その先の本八幡駅前の信号を右折すれば２～３分でＪＲ本八幡駅へ着く。

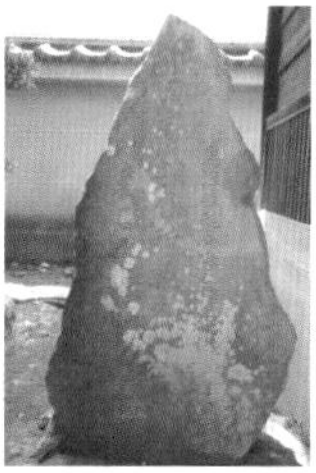

鯖大師を供養する石碑。
大正14年（1925）のもの

ちょっと表情が怖い鯖大師像。
右手に大きな鯖を下げている

寺は開山500年の歴史
鯖大師が境内を見守る

❶西念寺《さいねんじ》

天文元年（1532）に開山された浄土宗の寺で南葛八十八カ所の番外札所。本堂前に立つ鯖大師の堂は、弘法大師が鯖1匹を求めたところ、それを断った馬子を諭したという伝説にちなむ。

東京都葛飾区新宿2-4-13

神楽殿では9月の
例大祭に神楽を奉納

拝殿は唐破風と千鳥破風が重なる
重厚な造り

新宿の鎮守と崇められる
壮大な山王鳥居が目印

❷山王日枝神社《さんのうひえじんじゃ》

創建年代は不明だが別当寺の鏡智院（廃寺）が永禄2年（1559）の創建のため同じ頃と考えられている。現在地には江戸時代中期に移転し、宿場であった新宿の鎮守として敬われた。現在の社殿や鳥居は平成20年の新築。

東京都葛飾区新宿2-1-17

独特の形をした
山王鳥居。
真っすぐ拝殿へ
参道がのびる

山門前には馬頭観音の碑が立っている

北向きに堂宇が立ち
北向地蔵の呼び名もある

③下河原地蔵堂《しもがわらじぞうどう》

堂内に6体の石造物が並ぶ。一番左の角柱が角柱三猿浮彫道標といい、元禄6年(1693)銘で区内最古の道標。「左さくら海道」などと記され、葛飾区の有形文化財。中央に立つのは下河原北向地蔵と江戸時代中期の庚申塔の地蔵像。

東京都葛飾区白鳥4-13-23

「さくら海道」は
現在の成田街道にあたる

約400年前の創建
酒井家の江戸の菩提寺

④崇福寺《そうふくじ》

慶長5年(1600)の崇福庵建立の後、群馬県前橋の酒井家の庇護を受け、酒井家の江戸の菩提寺として栄えた。関東大震災で被災し、後に現在地に移転。第1土曜を除く土曜にヨガ教室を開催。

東京都葛飾区高砂7-13-1

下／和風庭園を前にした本堂。墓地に酒井家墓所がある。
左／本堂の前に立つ３００年前の墓といわれる春ちゃん地蔵。寺の旧所在地の浅草で発見された

かつての用水路は
桜並木と水路の道に

⑤親水さくらかいどう《しんすいさくらかいどう》

成田街道沿いに1㎞以上の桜並木が続く。葛飾区と江戸川区にまたがり、葛飾区側では「さくらみち」、江戸川区に入ると「親水さくらかいどう」と呼んでいる。その名の通り、江戸川区側には江戸川の水を取り入れた水路があり、水と緑の散歩道になっている。

東京都江戸川区北小岩8

小さな「親水さくらかいどう」の石碑があり水辺の景観に趣を添える

上／桜並木の覆う道。江戸末期には成田詣りの道として利用されていた。交通量は比較的少ないので歩きやすい
左／区界に「親水さくらかいどう」の石柱が立っている

江戸時代初期に開山
閻魔大王像は区文化財

⑥真光院《しんこういん》

木々の多い小ぢんまりした寺。寺宝として弘法大師筆と伝わる「鼠心経(ねずみしんぎょう)」がある。境内に立つケヤキとスダジイは樹齢200年余といわれ、江戸川区の保護樹になっている。

東京都江戸川区北小岩4-41-6

下右／山門の横に馬頭観音と青面金剛が立つ
下／昭和47年(1972)に建て替えた白塗り壁の本堂。堂内に寄木造りの閻魔大王座像を安置

弘法大師ゆかりの光ヶ嶽観音堂（てるがたけかんのんどう）。一寸八分（約５・５㎝）の観音像を祀る

鳥居越しに見る社殿。
右手に手水舎がある

三つの神社を合祀し
祭神も三柱を祀る

⑦北野神社《きたのじんじゃ》

稲荷神社と北野神社を明治42年(1909)に合祀。そのため拝殿には「稲荷明神天満宮」という額がかかる。さらに昭和中期に須賀神社も合祀し、菅原道真ほか二柱が祭神。

東京都江戸川区北小岩3-23-3

毎年6月25の例祭日には
茅の輪くぐりを行い、無病息災を願う

民家のブロック塀に挟まれるように窮屈に立っている

庶民信仰が高まった江戸中期
観音霊場への案内が立った

⑧旧御番所町の慈恩寺道道標《きゅうごばんしょまちのじおんじみちどうひょう》

御番所町はこの付近の江戸時代の町名。小岩の関所という番所があったため、そう呼んだ。慈恩寺は埼玉県岩槻にある坂東三十三観音第12番札所。この道標は慈恩寺への道しるべであり、安永4年(1775)に建てられた。

東京都江戸川区北小岩3-23-7

本尊は不動明王の立像
高さ2mの常燈明がある

⑨宝林寺《ほうりんじ》

江戸時代初期に創建された真言宗豊山派の寺。山門手前、タブノキの根元に立つ庚申塔は江戸時代後期に伊与田村と御番所町の講中が建てたもの。タブノキは江戸川区の保護樹になっている。

東京都江戸川区北小岩3-23-11

六地蔵や庚申塔の立つ門前。タブノキはいまなお樹勢盛んだ

入鉄砲に出女
船の行き来も監視した

⑩市川関所跡《いちかわせきしょあと》

江戸時代初期、船の渡し場には定船場(じょうふなば)という旅人を調べる施設が設けられ、市川にも置かれた。後に関所となり、市川では対岸の小岩側に幕府役人が調べる建物があり、小岩市川関所と呼ばれた。明治2年(1869)に廃止された。

千葉県市川市市川3丁目江戸川堤防上

門のついた市川関所跡。ベンチもあるのでひと休みできる

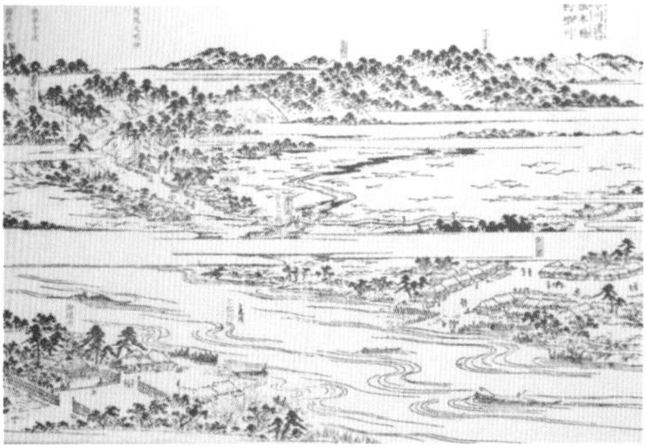

「江戸名所図会」(えどめいしょずえ)に描かれた小岩市川の渡しと関所

行徳街道との分岐にある観音寺門前の庚申堂。駒形の庚申塔は高さ1.27m

正面に「青面金剛」、下部に「見猿・聞か猿・言わ猿」の三猿が彫られている

車道との境部分に立つ 見落とすことのない大きな道標

⑪市川・新田境の庚申塔《いちかわ・しんでんざかいのこうしんとう》

国道14号の歩道上に堂々と立っている。高さ約1.4mの駒形をした庚申塔で、正面に深々と「青面金剛（しょうめんこんごう）」と彫られている。市川市市川と市川市新田の境界に建てられたもの。成田街道には大きい道標が多く残っている。

千葉県市川市市川1丁目

寛政11年（1799）建立の新田・平田境の道標。弘法大師座像が浮彫されている

上／市川市新田にある胡録（ころく）神社　左／境内の道に面した部分に古い庚申塔があるが、摩耗が激しく、文字も判読しにくい

諏訪市の諏訪大社同様に 社殿の前に御柱が立つ

⑫諏訪神社《すわじんじゃ》

長野県諏訪市の諏訪大社を本社とする神社である。諏訪大社は7年に一度の御柱祭で知られるが、こちらの諏訪神社にも拝殿周囲に御柱がある。現在のものは平成18年の例大祭に伴って立てたもの。

千葉県市川市平田2-23-12

上／松の木の多い境内は市川市の特別緑地保全地区に指定されている
左／国道14号に面した一之鳥居から二之鳥居まで約50mの長い参道が続く

❖柴又帝釈天《しばまたたいしゃくてん》

伽藍を飾る彫刻が目を奪う下町の名刹。
帝釈堂の彫刻ギャラリーは必見!
参詣のあとは、寅さんの足跡を探して
柴又散歩を楽しみたい。

二天門をくぐると正面に帝釈堂が立つ。お堂の前には「瑞竜の松」が四方に枝を広げる

彫刻ギャラリーでは、繊細で緻密な彫刻作品に圧倒される

柴又駅前に立つ「フーテンの寅像」。振り返った先にはさくらの像も立つ

柴又といえば、真っ先に思い出されるのがフーテンの寅さん。「私、生まれも育ちも葛飾柴又です。帝釈天で産湯をつかい……」という寅さんの口上でも知られる柴又帝釈天は、正式名称は経栄山題経寺という日蓮宗の寺。江戸時代の寛永6年(1629)、日忠の開山で、その弟子の日栄が開基した。

本尊は宗祖・日蓮が自ら一枚板に帝釈天像と「南無妙法蓮華経」の題目、経文を刻んだもので、板本尊と呼ばれる。

江戸時代中期、この板本尊が所在不明となった。安永8年(1779)に本堂の修理を行ったところ、棟木の上から発見された。この日が庚申(かのえさる)の日であったことから、庚申の日を縁日と定め、以来、柴又帝釈天と呼ばれ、信仰を集めるようになった。

現在、境内に立つ伽藍の大半は明治から昭和にかけて建て替えられたもの。見事な彫刻を施した帝釈堂は明治33年(1900)改築開始(現在の拝殿は昭和4年完成)、日光東照宮の陽明門を模したという二天門は明治29年(1896)の建築。大鐘楼は昭和30年(1955)建立で、高さ15mは関東一。鐘の音は、映画『男はつらいよ』で、たびたび効果音として使われている。

帝釈天を訪れたらぜひ見学したいのが彫刻ギャラリー。帝釈堂内陣の外側壁面が装飾彫刻で覆われている。法華経に説かれる代表的な説話10話を選び、ケヤキ材に彫刻したもの。これが彫刻の寺と呼ばれる由縁だ。

寅さんの面影を偲び 柴又から江戸川へ

柴又帝釈天参詣をいっそう楽しいものにしてくれるのが帝釈天参道や寅さん記念館、矢切の渡しなどの周辺の観光スポット巡り。

柴又駅から帝釈天二天門まで続く参道は約250mあり、名物の草だんごの店をはじめ、うなぎ、天丼、くず餅、最中など50店ほどが軒を連ねる。

寅さん記念館には、「くるまや」や「朝日印刷所」のセットが再現されている。昭和30年代の帝釈天参道を再現したジオラマや、寅さんが旅した鈍行列車の旅のコーナーが郷愁を誘う。

江戸川まで出れば、伊藤左千夫の小説『野菊の墓』や歌謡曲で知られる矢切の渡しが運行されている。

東京都葛飾区柴又7-10-3
境内自由
☎03-3657-2886

柴又と対岸の松戸市矢切を和船で結ぶ矢切の渡し

イチョウの落ち葉が散り敷く葛飾神社随神門前

Course No. 2

八幡▼船橋

一級国道の国道14号沿いに史跡が点在

歩行距離 約10.2km

約2時間30分

歩数 約1万4100歩

Start 本八幡駅
JR総武線・都営地下鉄新宿線
▼
1 **葛飾八幡宮**
▼
2 **八幡不知森**
▼
7 **海神念仏堂・観音堂**
▼
8 **西向地蔵尊**
▼
11 **船橋**
▼
12 **船橋大神宮**
▼
Goal 船橋駅
JR総武線・東武野田線

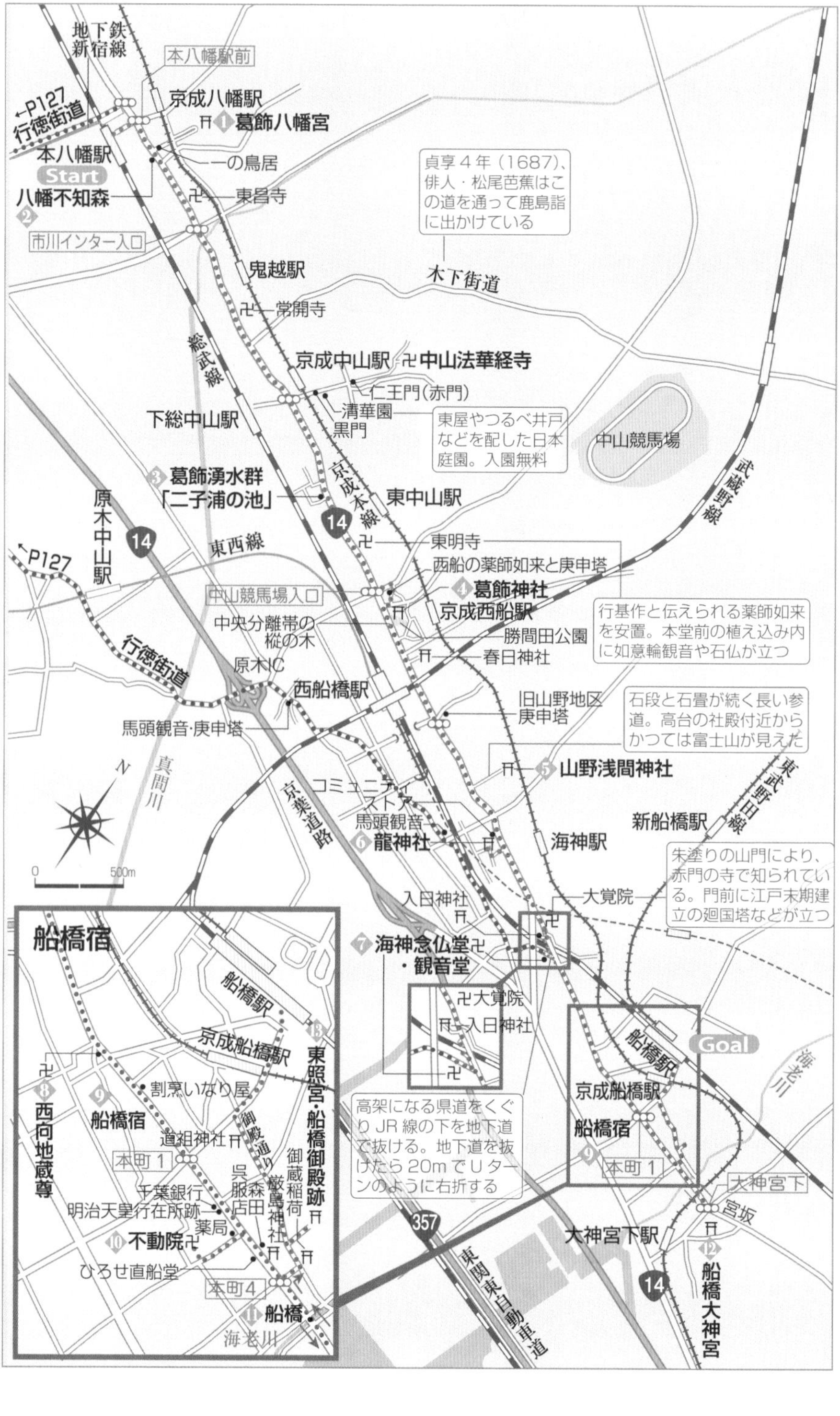
地下鉄新宿線
本八幡駅前
京成八幡駅
←P127
行徳街道
1 葛飾八幡宮
本八幡駅
Start
一の鳥居
八幡不知森
2
東昌寺
市川インター入口
鬼越駅
貞享４年（1687）、俳人・松尾芭蕉はこの道を通って鹿島詣に出かけている
木下街道
常開寺
総武線
京成中山駅
中山法華経寺
仁王門（赤門）
清華園
黒門
東屋やつるべ井戸などを配した日本庭園。入園無料
下総中山駅
中山競馬場
3 葛飾湧水群「二子浦の池」
京成本線
東中山駅
武蔵野線
原木中山駅
14
東西線
東明寺
←P127
西船の薬師如来と庚申塔
4 葛飾神社
中山競馬場入口
京成西船駅
中央分離帯の樅の木
勝間田公園
行基作と伝えられる薬師如来を安置。本堂前の植え込み内に如意輪観音や石仏が立つ
行徳街道
春日神社
原木IC
西船橋駅
旧山野地区庚申塔
馬頭観音・庚申塔
石段と石畳が続く長い参道。高台の社殿付近からかつては富士山が見えた
N
真間川
5 山野浅間神社
東武野田線
京葉道路
コミュニティストア
馬頭観音
新船橋駅
6 龍神社
海神駅
0
500m
朱塗りの山門により、赤門の寺で知られている。門前に江戸末期建立の廻国塔などが立つ
入日神社
大覚院
船橋宿
7 海神念仏堂・観音堂
大覚院
入日神社
船橋駅
Goal
海老川
船橋駅
13
京成船橋駅
東照宮・船橋御殿跡
京成船橋駅
8 西向地蔵尊
9 船橋宿
割烹いなり屋
御殿通り
高架になる県道をくぐりJR線の下を地下道で抜ける。地下道を抜けたら20mでUターンのように右折する
船橋宿
道祖神社
本町１
9
本町１
御蔵稲荷
呉服森田店
厳島神社
大神宮下
千葉銀行
明治天皇行在所跡
宮坂
薬局
357
10 不動院
東関東自動車道
大神宮下駅
12
ひろせ直船堂
本町４
14
船橋大神宮
11 船橋
海老川

大社や大寺をめぐり賑わう船橋市街へ

ＪＲ本八幡駅を出るとすぐに国道14号があり、最初に訪ねる❶葛飾八幡宮も近い。長い参道、きれいな朱塗りの随神門、古格を感じる社殿。下総国の総鎮守はその歴史と社格で参拝客を呼ぶ。

国道14号を挟んで葛飾八幡宮と斜めに向かい合うのが❷八幡不知森《やわたのやぶしらず》。周囲を瑞垣やフェンスで囲い、密集した竹林と雑木林になっている。入ったら出られないという不思議な森。こんな奇妙な話が一級国道沿いに残っているのが面白い。

国道14号を東へ。周辺に日蓮宗の寺が多いのは、日蓮宗五大本山の一つである中山法華経寺が近いせいだろう。法華経寺は黒門と呼ぶ総門をはじめ、赤門と呼ぶ仁王門、そして国の重要文化財に指定されている五重塔、祖師堂、法華堂など見ごたえのある伽藍が立ち並ぶ。

５００ｍほど行くと❸葛飾湧水群「二子浦の池」がある。この一帯は湧き水が豊富な場所で、いまも周辺に湧水地が点在している。沿道の勝間田公園は勝間田の池というかつての湧水池を埋め立てて造ったという。❹葛飾神社の位置は勝間田の池に隣接した場所で、「江戸名所図会」には当時からあった神社のクロマツが勝間田の池とともに描かれている。

水といえば、海を感じる見どころも多い。❺山野浅間神社からは数十年前まで東京湾を越えて富士山が見えたといい、❻龍神社に祀る神は海とかかわりが深い龍神である。❼海神念仏堂・観音堂は名称が海の神そのものだ。

地蔵が西方を向いて立つ❽西向地蔵尊を過ぎれば船橋市中心街だ。船橋は成田街道で最も繁華な宿場。船橋大神宮の門前町であり、行徳街道や上総街道などが交わる交通の要衝で、漁業も盛んだった。❾船橋宿には妓楼もあり、成田詣での精進落しと称して、多くの参詣者が宿泊した。

国道14号沿いには、江戸時代に栄えた様子を彷彿とさせるような古い造りの商店が残り、寺町の❿不動院では江戸時代の恩人に感謝する行事が連綿と続いている。船橋の地名発祥の地である⓫船橋でその理由に納得し、船橋発展の元となった⓬船橋大神宮へ参拝。

そんな宿場を徳川家康も気に入った。⓭東照宮・船橋御殿跡は、家康が鷹狩りの際に宿泊場所として建てた館の跡である。たいそう広い敷地だったというが、「日本一小さな東照宮」に、その面影はない。ＪＲ船橋駅へは御殿通りを通って5分あまりだ。

右／朱塗りの随神門はイチョウ並木との対比が美しい
下／神門の先に拝殿が立つ

拝殿の右手に大きくそびえるのは国指定天然記念物の千本イチョウ。樹齢約1200年、樹高23m、根回り10.2m。縁結びや育児守護の信仰がある

創建1100余年の歴史
下総国の総鎮守

①葛飾八幡宮《かつしかはちまんぐう》

寛平年間(889〜898)に宇多天皇(うだてんのう)の勅願によって勧請された。武神として尊崇され、源頼朝が参拝、太田道灌が社殿を修理、徳川家康が社領を寄進といった歴史がある。鐘楼は700年前に鋳造され、江戸時代中期に境内から発掘されたもの。

千葉県市川市八幡4-2-1

竹薮と木々で覆われる
誰も知らない森の中

②八幡不知森《やわたのやぶしらず》

一度入ったら出てこられず、入れば必ず祟りがある。間口、奥行きとも18mほどの薮が昔から恐れられてきた。入場禁止の理由は様々だが、水戸黄門が中に入り、神の怒りに触れたとの話がますます恐れを高めたという。

千葉県市川市八幡2-8

清華園は中山法華経寺参道にある洋風と和風の庭園。入場無料

葛飾八幡宮の境外社であり、薮の前に社を祀り、祟りを鎮めている

浄土宗の東明寺。本堂右手前に江戸中期の如意輪観音石仏がある

表通りから一歩入った細道にある西船の薬師如来と庚申塔

旧葛飾地区の湧水池
周辺にも池が点在する

③葛飾湧水群「二子浦の池」《かつしかゆうすいぐん「ふたごうらのいけ」》

この一帯はかつての葛飾町であり、各所に湧水地があった。ここは近くにある「二子藤の池」と同様に葛飾湧水群の一つで、湧水地を整備した場所。国道14号の脇の一段下がった場所に池があり、水生植物が元気よく生育している。

千葉県船橋市東中山1-20

5月上旬、キショウブの花が咲き誇っている。
池は地域の人々によって保全されている

社殿を覆うクロマツは
名所図会にも描かれる

④葛飾神社《かつしかじんじゃ》

大正5年(1916)に熊野神社に合祀され、現在地へ移転のあと村社となり、葛飾神社に改称。背後から社殿を覆うようなクロマツの大木があり、船橋市の天然記念物になっている。樹高13m、枝張り16.5mで、樹齢は約400年といわれている。

千葉県船橋市西船5-3-8

社殿裏のクロマツは「江戸名所図会」にも描かれている名木

木々に囲まれ、
奥まった地に位置する社殿

中央分離帯の樅（もみ）の木は国道14号のランドマークになっている

200mの参道は船橋一の長さ
安産や子育てにもご利益が

⑤山野浅間神社《やまのせんげんじんじゃ》

富士山の神である木花咲耶姫（このはなさくやひめ）を祀る旧山野地区の鎮守。毎年7月1日の山開きの日には富士講の講中をはじめ、大勢の参拝者が集まる。社殿は高台にあり、昭和30年代までは境内から富士山が見えた。

千葉県船橋市西船1-5-7

境内は細く長く続き、社殿へは何段もの石段を登ってゆく

右／水にゆかりの神を祀る社殿。八大龍王とは8つある龍族のそれぞれの王のこと。仏法を守る神でもあった　左／村社龍神社の碑。西海神地区の鎮守であった

雨乞いの神を祀り
境内には伝説が多い

⑥龍神社《りゅうじんじゃ》

八大龍王の中の一神である娑伽羅（しゃから）龍王を祀る。水にかかわる八大龍王は、龍神社近辺が海辺だったことにもつながる。境内の池には弘法大師ゆかりの片葉の葦（あし）伝説などが残る。

千葉県市川市高谷2-21-31

赤門寺で知られる大覚院。門前に石仏が並ぶ

入日(いりひ)神社は日本武尊(やまとたけるのみこと)が
下総の国に上陸したと伝わる場所に立つ

地蔵や供養塔など堂内の石仏はすべて
西向きに立っている

当初の船橋宿の西端に
江戸時代前期の地蔵尊が立つ

❽西向地蔵尊《にしむきじぞうそん》

万治元年(1658)、船橋山谷村の念仏講がこの地に延命地蔵を建てた。その後、阿弥陀如来、聖観音像などが建てられ、現在は11の地蔵などが堂の内外に立っている。船橋宿の西端にあたり、かつてこの辺りは刑場でもあったといわれる。

千葉県船橋市本町2-23

念仏堂に阿弥陀如来像
観音堂に33体の観音像を安置

❼海神念仏堂・観音堂《かいじんねんぶつどう・かんのんどう》

海神念仏堂は江戸時代初期以前の創建と考えられるが詳細は不明。信者が集まって念仏を唱える仏堂だった。船橋市有形文化財の木造阿弥陀如来立像を祀る。相対して立つ観音堂は江戸時代中期に江戸神田の商人が寄進したもの。

千葉県船橋市海神1-17-6

上/観音堂前に立つ元禄七年銘の道標。佐倉道や行徳道を示す　下/簡素な造りの海神念仏堂。浄土宗の寺院となったこともある

市杵島姫命（いちきしまひめのみこと）を祀り、弁天様と呼ばれ親しまれる厳島神社

ひろせ直船堂は安政年間創業の和菓子店。建物は大正7年（1918）建築の木造2階建て

宿場町、門前町、漁業の町 街道が集まる町でもあった

9 船橋宿《ふなばしじゅく》

成田街道の船橋宿は新宿からきて3番目の宿場町。船橋大神宮の門前町などとして発展し、江戸時代後期には30軒もの旅籠があって賑わった。寺が集まる寺町があり、成田街道周辺には江戸時代から続く商店も残っている。

森田呉服店／千葉県船橋市本町4-35-14
ひろせ直船堂／千葉県船橋市本町3-6-1

森田呉服店は創業140年の着物、和装小物の専門店。江戸手ぬぐいは300柄以上を揃える

明治6年（1873）の明治天皇船橋滞在を記念した明治天皇行在所跡

山盛りの飯を大仏に奉納 漁師町船橋の歴史を語る

10 不動院《ふどういん》

門前にある大仏の追善供養で知られる。延享3年（1746）の津波で溺死した漁師たちと、船橋村の漁場を守るために入牢し、命を落とした漁師総代を慰めるもの。毎年2月28日に大仏に山盛りにした白米の飯をお供えし、牢内のひもじさを償う大仏追善供養を開催。

千葉県船橋市本町3-4-6

左／大仏は正しくは石造釈迦如来坐像。追善供養に供えたご飯を食べると1年間風邪をひかないという
左上／不動院の本堂。境内には数体の庚申塔が並ぶ

橋の中央に置かれた
船橋地名発祥の地
プレート

海老川に突き出した海川両用の廻船である五大力船のモニュメント

船橋の地名発祥の地
橋から五大力船が突き出す

⑪船橋《ふなばし》

海老川に架かる海老川橋を船橋と呼んでいる。日本武尊が東征の折、海老川に漁船を並べ、橋として渡ったと伝わる。船橋の語源になった橋だ。かつて長寿日本一だった泉重千代さんの手形もあり、長寿の橋ともいう。

千葉県船橋市宮本2-14

右上／拝殿・本殿の参拝門である神門
右下／木々に包まれるように立つ拝殿。摂社の常磐神社には、日本武尊と徳川家康・秀忠を祀っている

境内に立つ灯明台は3階建てで高さ約12m。明治13年（1880）に地元有志によって造られた

船橋市最古最大の神社
日本武尊創建と伝わる

⑫船橋大神宮《ふなばしだいじんぐう》

正式名称は意富比（おおひ）神社だが、一般的に船橋大神宮と呼ばれる。日本武尊が東征の折に創建したと伝わり、主祭神は天照大神（あまてらすおおみかみ）。徳川家康が関東移封時に50石を寄進するなど江戸幕府に庇護された。

千葉県船橋市宮本5-2-1

一の鳥居から本殿に向かってまっすぐに長い石畳の参道が延びる

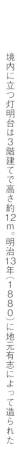

食物の神を祀る御蔵（おくら）稲荷の場所には、船橋の九日市村の食料を保存する郷蔵（ごうくら）があった。この蔵のおかげで飢餓を免れたという話も伝わる

御殿通りに近い「つるや伊藤」は
安政元年（1854）創業の
染色・織物の店

御殿通りから住宅地の中の長い参道を歩いて到着。鳥居の先に「日本一小さい東照宮」が立つ

御殿の広さは約4万㎡もあった！
いまは日本一小さい東照宮

⑬ 東照宮・船橋御殿跡

とうしょうぐう・ふなばしごてんあと

船橋御殿は、徳川家康が鷹狩りの折に宿泊するために建てた屋敷。元和元年（1615）に家康が宿泊し、2代秀忠も何度か泊まっている。その後に御殿は廃止され、跡地に船橋大神宮宮司の富氏が東照宮を建て、家康を祀った。

千葉県船橋市本町4-29-12

道祖神社は船橋3丁目の守り神。
町を疫病などから守った。
境内に石仏や地蔵が多い

ひと足延ばして ここもチェック!

常夜燈は、江戸川を行き交う船や旅人たちの目印の役割も果たしていた

もう一つの成田街道 行徳街道《ぎょうとくかいどう》

日本橋から川や運河を遡って行徳へ。
船の旅で向かった成田詣で。
常夜灯や道標の松、庚申塔などが残る街道に、
往時の旅人の姿に思いを馳せる。

本書で紹介している成田街道は、水戸街道新宿から分岐して成田に向かう道だが、日本橋から水路で江戸川を遡り、行徳で上陸して成田に向かう道もあった。

江戸と行徳を結んだ船は行徳船と呼ばれ、もともとは行徳の塩田で作った塩を江戸へ運ぶためのものだった。しかし、成田詣での人が増えると、幕末の頃には成田山参詣の人々も乗せるようになった。

旧江戸川沿いにある常夜灯公園は、かつての行徳新河岸。江戸川を見守るように立つ常夜燈は、文化9年(1812)に日本橋の成田講中が旅の安全を祈って奉献したものだ。

公園東の行徳街道沿いに立つ行徳ふれあい伝承館では行徳の歴史資料を展示する。近くの笹屋跡は、源頼朝が食したと伝わるうどん屋で、江戸時代には船着き場から近いこともあり、たいそう繁盛したという。

行徳橋を渡り、本八幡方面に向かえば、稲荷木《とうかぎ》一本松がある。慶長年間(1596〜1615)に八幡と行徳を結ぶ八幡新道を造り、その分岐に植えた松だ。枯死し、昭和48年(1973)に伐採され、現在は根元から1m余が残るだけ。かたわらには延命地蔵尊が立つ。

一方、行徳橋から右折して京葉道路原木ICを過ぎると馬頭観音と庚申塔が並び立つ。この庚申塔も成田講の信者によって建立されたものだ。ここを過ぎると、やがて成田街道に合流し、船橋へと至る。

稲荷木一本松は伐採時は推定樹齢180年だったという。現在は石仏に守られるように根元だけが残る

仏教における庚申の本尊である青面金剛の文字と神道の猿田彦神(三猿)が刻まれた庚申塔(左)と馬頭観音

『東海道中膝栗毛』の著者・十辺舎一九も立ち寄った笹屋。建物は安政元年(1854)の建築

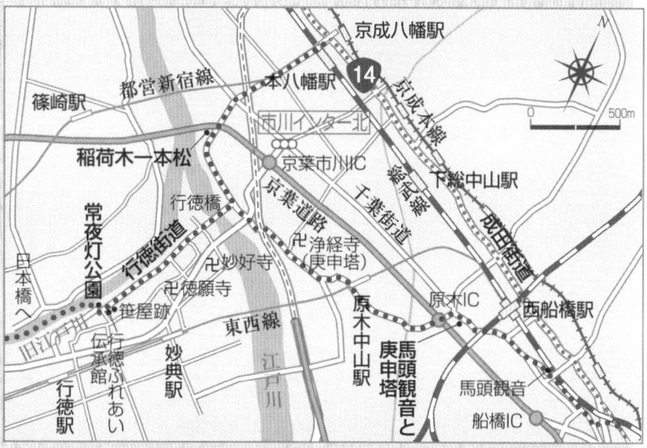

❖中山法華経寺《なかやまほけきょうじ》

**壮大な伽藍に目を奪われる
日蓮宗の五大本山の一つ。
全国から僧が集う冬の荒行は
100日間に及ぶ厳しい修行の日々。**

広大な境内でひときわ存在感をみせる祖師堂と五重塔

参道の正面に立つ仁王門。門額の「正中山」の文字は、徳川家康の庇護を受けた本阿弥光悦の筆

荒行に向かう僧侶たち。荒行を終えると、修法師の資格が与えられ、加持祈祷を行うことができるようになる

中山法華経寺は日蓮宗の五大本山の一つ。日蓮聖人は、文応元年（1260）に鎌倉・松葉ヶ谷で焼き討ちに遭うが、その際、信者であったこの地の領主、富木常忍《ときつねのぶ》と太《おお》田乗明《たのりあき》が、自らの館にお迎えしたのが始まり。

両氏の館にはそれぞれ持仏堂が建立され、富木氏の館は法華寺、太田氏の館は本妙寺を名乗った。その後、天文14年（1545）に両寺が合体し、法華経寺となる。

広大な境内の中心にあるのが、生前に彫刻された日蓮聖人像が安置される祖師堂。延宝6年（1678）の建立で、2つの屋根を合わせた比翼入母屋造りは珍しく、元和8年（1622）建立の五重塔とともに国指定重要文化財。

ほかにも、鋳像としては千葉県内最大の大仏像や、修行道場の荒行堂、国宝の『立正安国論』をはじめ、重要文化財の書物を貯蔵する聖教殿など、数々の建造物がある。

水垢離と一汁一菜で100日におよぶ荒行

中山法華経寺は、日蓮宗唯一の修行道場でもある。毎年、11月1日から2月10日までの100日間、全国から集まった百数十名の修行僧が境内の荒行堂に籠もり、厳しい修行が行われる。

いったん入行すると満行まで一歩も外に出られない。午前2時～午後11時の間、1日7回の水行と一汁一菜の食事、3時間の睡眠で修行の日々を過ごす。寒い冬の季節、手足にあかぎれができ、髪もヒゲものび放題、万が一命を落としてもお骨として満行を迎えるのだという。

2月10日は修行を終える成満会《じょうまんえ》。夜も明けないうちに境内には露店が並び、修行僧を迎えるために全国から親族や檀家の信徒たちが集まってくる。

午前6時、荒行堂の門が開き、白装束の修行僧が一列になって出てくる。うちわ太鼓が鳴り響く中、修行僧たちは経を唱えながら参道を進み、奥の院に参拝後、祖師堂に入り、荒行成満の允許状《いんきょじょう》が授与される。

こうして100日の荒行を修了した修行僧たちは、郷里に帰っていくのだ。

千葉県市川市中山2-10-1
境内自由
☎047-334-3433

参道には茶屋が並び、どこか懐かしい雰囲気。名物はきぬかつぎ

国道296号沿いに整然と石碑が並ぶ神明社前石碑群

Course No.

3

点在する道標が現代の旅人も導く

船橋▼大和田

歩行距離 約13.7km

約3時間20分

歩数 約1万8300歩

Start 船橋駅
JR総武線・東武野田線

▼

② 成田山道道標

▼

④ 御嶽神社

▼

⑥ 船橋市郷土資料館

▼

⑦ 薬園台公園

▼

⑧ 神明社前石碑群

▼

⑫ 萱田時平神社

▼

Goal 京成大和田駅
京成本線

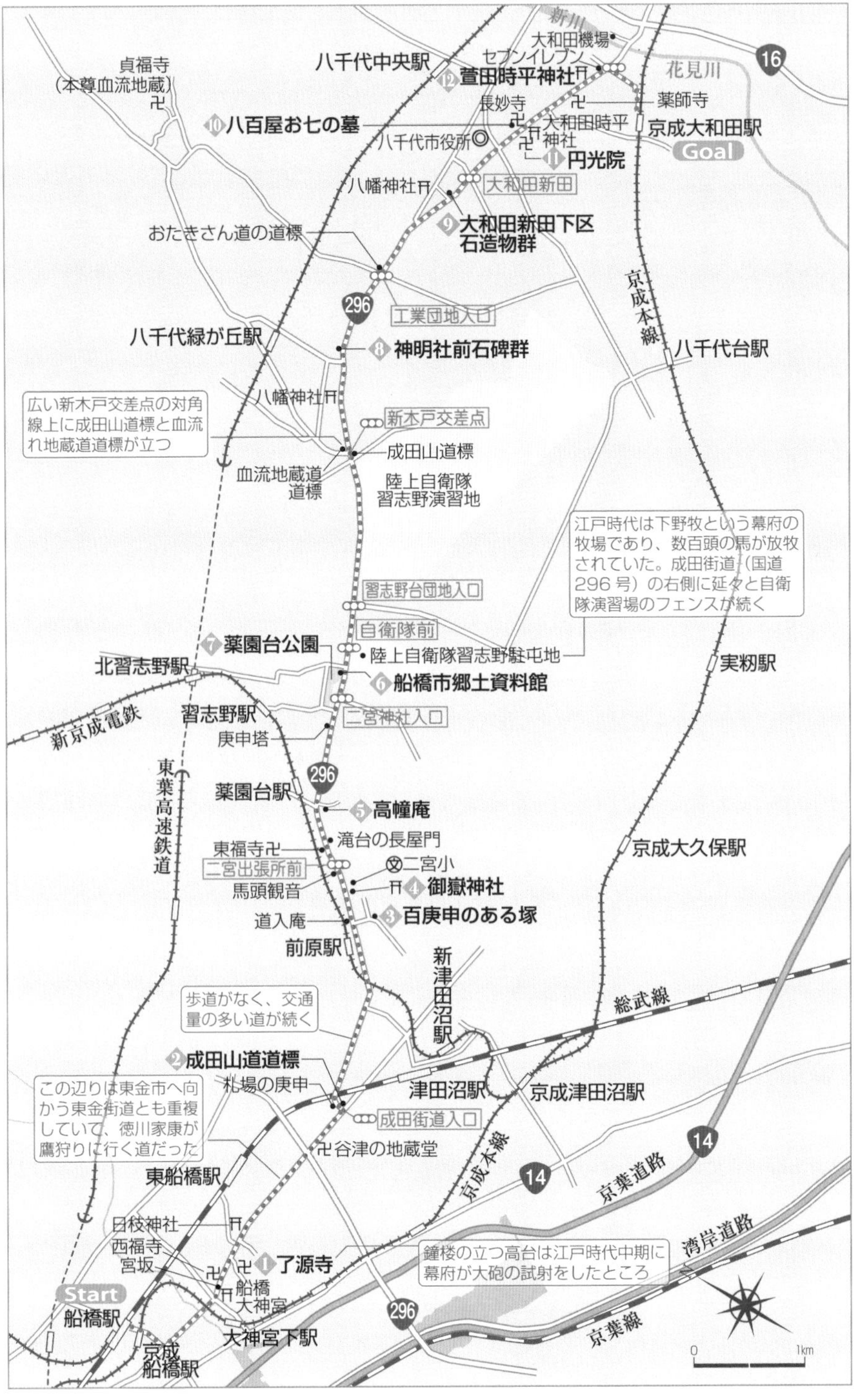

新川
大和田機場
セブンイレブン
16
花見川
八千代中央駅
12 萱田時平神社
貞福寺
（本尊血流地蔵）
長妙寺
薬師寺
10 八百屋お七の墓
大和田時平神社
京成大和田駅
八千代市役所
11 円光院
Goal
八幡神社
大和田新田
9 大和田新田下区石造物群
おたきさん道の道標
296
工業団地入口
京成本線
八千代緑が丘駅
8 神明社前石碑群
八千代台駅
八幡神社
広い新木戸交差点の対角線上に成田山道標と血流れ地蔵道道標が立つ
新木戸交差点
成田山道標
血流地蔵道道標
陸上自衛隊習志野演習地
江戸時代は下野牧という幕府の牧場であり、数百頭の馬が放牧されていた。成田街道（国道296号）の右側に延々と自衛隊演習場のフェンスが続く
習志野台団地入口
自衛隊前
7 薬園台公園
陸上自衛隊習志野駐屯地
北習志野駅
6 船橋市郷土資料館
実籾駅
習志野駅
二宮神社入口
新京成電鉄
庚申塔
東葉高速鉄道
296
薬園台駅
5 高幢庵
滝台の長屋門
東福寺
二宮出張所前
二宮小
4 御嶽神社
馬頭観音
京成大久保駅
3 百庚申のある塚
道入庵
前原駅
新津田沼駅
歩道がなく、交通量の多い道が続く
総武線
2 成田山道道標
札場の庚申
津田沼駅
京成津田沼駅
この辺りは東金市へ向かう東金街道とも重複していて、徳川家康が鷹狩りに行く道だった
成田街道入口
谷津の地蔵堂
京成本線
14
京葉道路
14
東船橋駅
日枝神社
西福寺
宮坂
1 了源寺
鐘楼の立つ高台は江戸時代中期に幕府が大砲の試射をしたところ
湾岸道路
船橋大神宮
Start
船橋駅
大神宮下駅
296
京葉線
京成船橋駅
0
1km

立派な道標に導かれ街道歩きに弾みが着く

成田街道には道標や石碑が多い。それも草に埋もれたような状態ではなく、堂々と道の中央に置かれていたり、存在を誇示するように数十基が集まっていたりする。建立者は多くが講中の人である。信仰心が強い地域であり街道だったに違いない。

ＪＲ船橋駅をスタートし、船橋大神宮の横を通る宮坂を上る。❶了源寺は、鐘楼台が江戸幕府の大砲の試射台だったという寺。当時は周辺に家などなかったのだろう。

その名も「成田街道入口」という交差点には、大きな❷成田山道道標が立っている。上部に八角形の輪宝をのせ、文字の彫りも深い。明治時代に建てられたものだが、道路幅の狭い当時のこと。道標の役目をしっかり果たし、見落とされることはなかっただろう。❸百庚申のある塚も圧巻の石造物群である。百庚申は１００基の庚申塔を建てて災い除けとしたもの。この前原東の百庚申は１００基に遠く及ばないが、居並ぶ姿にはインパクトがある。

❹御嶽神社は木造蔵王権現三尊立像を祀る。秘仏なので拝観できないのが残念。それに比べると❺高幢庵《こうとうあん》の木造地蔵菩薩坐像は身近である。柔和なお顔を間近で拝観できる。この途中にある滝台の長屋門は規模が大きく造りもいい。個人のお宅の門ではあるが、見逃さずに。

薬園台の一帯は江戸時代に下野牧という広大な馬の放牧場が広がっていたところだ。その一角にあるのが❻船橋市郷土資料館と資料館が位置する❼薬園台公園である。資料館では馬と船橋の関わりも紹介している。

新木戸交差点で成田山道標と血流地蔵道道標を確認し、❽神明社前石碑群へ。出羽三山碑などが林立し、その先の❾大和田新田下区石造物群とともに石造物が集まる一画となっている。

❿八百屋お七の墓がある長妙寺と⓫円光院は国道２９６号を挟んで向かい合う。八百屋お七がなぜここに、と疑問を抱いたが、後で資料を見て分かった。江戸のお七は養女であり、実家がこの付近だったとのこと。意外な話は⓬萱田時平神社にもある。菅原道真を失脚させたといわれる藤原時平は、子孫が習志野に流れ着き、船橋に居を置いていたという。付近に数カ所の時平神社がある疑問もこれで納得した。ここから京成大和田駅まで約10分の道のりである。

谷津の地蔵堂は
中野木交差点の東寄り、
大木の根元に立つ

現在の本堂は嘉永3年（1850）建立。元禄年間（1688～1704）には「了源寺塾」と呼ばれる私塾が開かれた

船橋代官の勧めで鐘楼が建てられ、幕府から「時の鐘」の公許を受けた

大砲試射台跡の鐘楼は船橋の時の鐘だった

❶ 了源寺《りょうげんじ》

永禄8年（1565）の開基。享保年間（1716～36年）に幕府が試射用の大砲を設置した台座があった。砲台廃止後は、台座跡に鐘楼が建てられ、明治4年（1871）まで船橋一帯に時を告げていた。時刻の基準となっていた和時計が残されている。

千葉県船橋市宮本7-7-1

札場の庚申には安永6年（1777）造立の道標などが立つ

上／道入庵には延宝3年（1675）に造立された前原新田開墾記念地蔵が立つ
右／新四国八十八カ所めぐり第49番札所を示す石柱

高さ約2・5mの道標は西を向いて立ち、江戸から歩いてきた旅人には正面に見える

成田街道と御成街道の分岐点に立つ道標

❷ 成田山道道標《なりたさんみちどうひょう》

成田街道入口交差点の東側角に立つ。「左成田山道」と大きく彫り込まれ、上部に輪宝をのせた立派な道標である。明治12年（1879）、成田山信徒たちが建立。交差点を直進する道は徳川家康が鷹狩りなどに利用した御成街道。

千葉県船橋市前原西1丁目

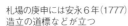

庚申塔には江戸時代中期の享保や延享などの年号が入っているものが多い

庚申塔の集合が圧巻
より多くの功徳を願う

③百庚申のある塚《ひゃくこうしんのあるつか》

大木の根元にたくさんの庚申塔が集まる。百庚申とは庚申塔を100基集め、より多くの功徳を願ったもの。青面金剛像10基に文字庚申塔90基を集めたものが多いが、ここでは青面金剛像が3基あり、全部で40基ほどが並ぶ。

千葉県船橋市前原東5丁目

蔵王権現は秘仏だが、境内に案内板があり、写真で見ることができる

前原の鎮守として尊崇される
祭神の蔵王権現は秘仏

④御嶽神社《みたけじんじゃ》

延宝元年(1673)、蔵王権現立像を祀ったのが始まりで、この前原地方の鎮守となった。神社が蔵王権現と称していた江戸時代に祭神として祀られた木造蔵王権現三尊立像は像高96㎝のヒノキ造り。千葉県の文化財に指定されている。

千葉県船橋市前原東5-43-1

上／正面の鳥居から拝殿まで160m。途中に出羽三山参拝記念碑などが立つ　右／桜など木々の多い境内。葉が3本の珍しい三葉松もある

滝台の長屋門は300年以上前の建築。造りも美しく誰もが足を止める見事さ

右／平成30年1月28日にリニューアルオープンした郷土資料館
左／2階の展示室ではパネルなどで各時代の出来事を解説

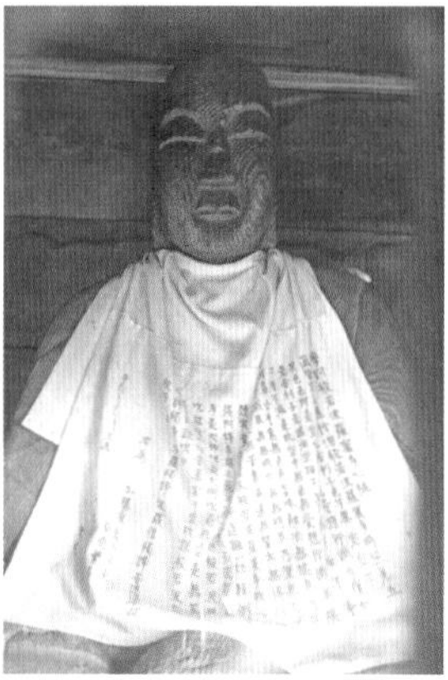

木っぱ地蔵と呼ばれる地蔵菩薩坐像。かつては露座で荒れていた

左が観信の墓で右が地蔵堂。寺社らしい建物はなく、墓地と管理事務所のような建物が立つ

木食行者･観信の墓と一木造の地蔵座像

⑤ 高幢庵《こうとうあん》

木食(もくじき)行者の一人である観信が開いた寺。この寺で享保11年(1726)に亡くなり、墓地に墓がある。隣の地蔵堂には木っぱ地蔵と呼ばれる素朴な作風の地蔵菩薩坐像が安置されていて、墓、地蔵像ともに船橋市の文化財。

千葉県船橋市薬園台1-1

観信の墓は高さ1・3m。「享保十一丙午」と刻まれている

パネルと展示物で
船橋の歴史を知る

6 船橋市郷土資料館《ふなばししきょうどしりょうかん》

古代から現代まで、船橋市の歴史をその時代の遺物を展示しながら案内する。近世のコーナーでは船橋宿や佐倉道を解説し、庚申塔や板碑のレプリカを展示。江戸時代の下野牧という馬の放牧場や、船橋と馬との関わりも紹介。

9時～17時／月曜・祝日の翌日（土・日曜の場合は開館）休／入館無料／千葉県船橋市薬園台4-25-19／☎047-465-9680

江戸時代の馬頭観音や弁財天など実物史料が数多く展示されている

習志野の地名発祥地
D51にも乗れる

7 薬園台公園《やくえんだいこうえん》

明治天皇駐蹕之処の碑。天皇が付近を「習志野ノ原」と名付けた

大人にも郷愁を誘うSLのD51は運転台に乗ることもできる

薬園台の地名は江戸時代に薬草園が置かれたことに由来し、この場所は明治に陸軍の演習地になっていたところ。運動場などがあるほか習志野の地名発祥のきっかけとなった明治天皇駐蹕之処の碑、SLのD51などが置かれている。

千葉県船橋市薬園台4-25

様々な遊具がある子供向きの公園だが、緑が多いのでひと休みするのに最適だ

血流（ちながれ）地蔵道道標は血流地蔵を祀る貞福寺への案内柱

成田街道に向かって
30余基の石碑が林立

⑧神明社前石碑群

しんめいしゃまえせきひぐん

神明社とは伊勢神宮の神霊を祀った神社だが、その境内にたくさんの石碑が奉納されている。出羽三山碑、馬頭観音、二十六夜塔など30基あまり。出羽三山碑はこの地方の人々が講を組んで出羽三山にお参りしたことを記念するもの。

千葉県八千代市大和田新田968

成田街道に面した八幡神社には子安講中が建てた何体もの子安観音が並ぶ

左／整然と並ぶ奉納碑。近隣の人により清掃・保全されている
下／神明社の境内。小社だが参拝者の姿もみられる

おたきさん道の道標は船橋市にある滝不動への道を示したもの

道路脇の台地に石仏が整然と並んで祀られている。時を経て石が崩れてしまったものもある

観音様や菩薩像など
子安塔群と筆子塚が並ぶ

⑨大和田新田下区石造物群《おおわだしんでんしもくせきぞうぶつぐん》

道から一段高くなったところに石造物が集められている。前面に如意輪観音や勢至菩薩像などが浮き彫りにされた子安塔11基が並ぶ。背後の背の高い石碑は筆子塚で、幕末に名主を務め教育にも熱心だった小林左円司を祀ったもの。

千葉県八千代市大和田新田386

火あぶりになった八百屋お七
実家は成田街道沿いにあった

⑩八百屋お七の墓《やおやおしちのはか》

井原西鶴の『好色五人女』に取り上げられ、歌舞伎や浄瑠璃で演じられる八百屋お七の物語。成田街道北側の長妙寺にお七の墓が立つ。実はお七の故郷がこの付近だったというのだ。火あぶりになったお七の遺髪を実母がもらい受け、長妙寺に葬ったと伝わる。

千葉県八千代市萱田町640

宝篋印塔の立派なお七の墓。台座に法名の「妙栄信女」が彫られている

長妙寺は日蓮宗の寺。成田街道を行く旅人の宿泊寺としても利用された

樹齢400年の大イチョウが目印
本尊は円形の光背を持つ地蔵尊

⑪円光院《えんこういん》

国道296号を挟んで長妙寺と相対している。慶長3年(1598)に他所から現在地へ移り、本尊は本堂に祀る地蔵菩薩。光背(こうはい)が円形であるため円光院という寺名となった。墓地に馬頭観音群、庚申塔群があり、元禄7年(1694)銘の古い青面金剛もある。

千葉県八千代市大和田785

小堂は八千代市を中心に周辺に散在する吉橋組大師講の第5番札所

本堂に安置される地蔵菩薩が、古くから「夜泣き地蔵」として親しまれていた

薬師寺は真言宗豊山派。
吉橋組大師講第59番札所である

成田街道沿いに立つ
薬師寺の山門をくぐった
先に石碑群がある

菅原道真を失脚させた
藤原時平を祀る

⑫萱田時平神社《かやだときひらじんじゃ》

時平とは平安時代に虚言によって菅原道真を失脚させたといわれる左大臣藤原時平のこと。時平の子孫が、いまの船橋市三山(深山)に居住していたとの話が伝わっていて、時平を祀る神社が萱田、大和田地区には4カ所ある。

千葉県八千代市萱田町948-1

上/石段上に木々に覆われた境内が広がる。
左/社殿は小さいが三方の壁面には見事な彫刻が飾られている

下市場の長屋門は寄棟造で瓦屋根、白壁が美しい

Course No. 4

團十郎や雷電など歴史上の人物の足跡が残る

大和田▶臼井

歩行距離 約9.4km

約2時間20分

歩数 約1万2500歩

Start 京成大和田駅
京成本線

▼

2 成田道道標と常夜燈

▼

3 加賀清水公園

▼

5 臼井台の成田みち道標

▼

6 雷電為右衛門の碑

▼

7 雷電為右衛門夫妻の墓

▼

9 臼井城址公園

▼

Goal 京成臼井駅
京成本線

新川(印旛放水路)
⑧臼井町道路元標・明治天皇臼井行在所の碑
⑨臼井城址公園
臼井の道しるべ
高台のため境内からの眺めがよく、臼井の町や印旛沼が見下ろせる
妙伝寺
大名宿通り
長源寺
道誉上人の墓
⑤臼井台の成田みち道標
実蔵院
⑦雷電為右衛門夫妻の墓
京成臼井駅
Goal
妙覚寺
⑥雷電為右衛門の碑
弥右衛門坂
手繰橋を渡ったら斜め左手の住宅街へ入る道へ進み、急坂の弥右衛門坂を上る
手繰橋
手繰川
手繰の坂
上座
皇産霊神社
上座総合公園
ユーカリが丘
中学校駅
ユーカリが丘線
公園駅
京成本線
地区センター駅
④上座貝塚
ユーカリが丘駅
国道296号から歩道橋を上り、京成本線のユーカリが丘駅構内を抜けて上座貝塚へ向かう
上志津入口
佐倉市志津出張所
296号から加賀清水公園まで細道を150mほど歩く
志津駅入口
志津駅
③加賀清水公園
井野
②成田道道標と常夜燈
ラーメン店
296
村上駅
勝田台入口
東葉高速鉄道
東葉勝田台駅
勝田台駅
新川
下市場の長屋門
①水資源機構大和田機場
八坂神社
下市場
大和橋
セブンイレブン
萱田時平神社
薬師寺
歩道は橋の右側だけにあるので、国道296号もあらかじめ右側を歩く。橋を渡ったら信号で横断し、川沿いを大和田機場へ
花見川
16
京成大和田駅
Start
N
0
1km

臼井の宿場で雷電は茶屋の娘に一目ぼれ

武将や政治家の墓はよくあるが、相撲取りの墓となると興味の度合いがちょっと違う。大相撲史上最強ともいわれる雷電為右衛門は、生まれは信州だが亡くなったのは成田街道の宿場町臼井。コースの終盤に墓を訪ねるのが楽しみだ。

京成大和田駅を出たら線路沿いを歩き、クランク状に左折。国道２９６号へは５分ほどだ。ここから臼井まではずっと２９６号を歩く。

花見川沿いにある❶水資源機構大和田機場はダムのようにも見えるが、他の機場と連携しながら印旛沼の水量を調整する施設。

下市場の長屋門を過ぎ、２９６号を東へ。やがて3つの道標が立つ❷成田道道標と常夜燈が歩道上に見える。向かって右側の道標が七代目市川團十郎が建てたもの。團十郎といえば屋号が成田屋で、成田山新勝寺とは切っても切れない仲。その團十郎が「天はちち地はかかさまの清水かな」と道標に刻んだ清水が湧く場所はここから１５０ｍほど北へ入った❸加賀清水公園である。水と木々の緑で実にさわやかな場所だ。佐倉藩主の大久保忠《ただ》朝《とも》がこの湧水を好んだという。

ユーカリが丘駅近くの❹上座貝塚に立ち寄り、草地になった貝塚の丘でひと休み。ユーカリが丘の高層マンション群が垣間見える。

２９６号へ戻って坂を上り、上座総合公園の入り口を過ぎると手繰《てぐり》の坂の下りとなる。手繰川を渡ったところで２９６号を外れ、住宅地の中を臼井台へと坂を上る。T字路の突き当りにあるのが❺臼井台の成田みち道標だ。右折して進む道には大名宿通りの名が付いている。この辺りは江戸時代初頭まであった臼井城の中なのだ。

大名宿通りから右折して坂を下る。やがて現れる巨大な石碑が❻雷電為右衛門の碑で、身長２ｍ近い雷電の等身大像が刻まれている。かたわらの手形に手を当てれば、雷電の大きさが実感できる。❼雷電為右衛門夫妻の墓はやや離れている。大名宿通りに戻って妙伝寺の入り口から坂を下り、下り切る辺りで右折。細道を５００ｍほど歩いた山裾にある。やや苔むした墓は戒名がようやく読み取れる。

国道２９６号に戻る。この辺りがかつての臼井宿で、雷電の妻が働いていた茶屋もあった。突き当りのT字路の左手に❽臼井町道路元標・明治天皇臼井行在所の碑があり、左折すると印旛沼が眺望できる❾臼井城址公園方面だ。城跡から京成臼井駅までは徒歩15分。

国道296号から花見川沿いに導入路が伸びている。一帯は桜の名所でもある

印旛沼の水量を調整し
農・工業、水道用水を確保

① 水資源機構
大和田機場

みずしげんきこうおおわだきじょう

ダムのような機場。ここで上流と下流の流量を調整している

機場とは揚水または排水、またその両方の機能を持つ水利施設。大和田機場は印旛沼の排水を管理する施設で、ポンプ6台で毎秒120tの排水能力をもっている。事前申し込みで見学ができる。

9時～17時／土・日曜、祝日休／見学無料／千葉県八千代市村上3139／☎047-483-0722（千葉用水総合管理所）

門の内外に植え込みがあり、白壁との対照が美しい下市場の長屋門

中央の道標は明治中期、そのほかの道標と常夜燈は江戸時代後期のもの

市川團十郎が建てた道標と
繁盛茶屋に客が贈った常夜燈

② 成田道道標と常夜燈

なりたみちどうひょうとじょうやとう

3基の道標とその背後に常夜燈1基が立つ。道標はいずれも成田街道の参詣者用に建てられたもので、向かって右は天保2年（1831）に7代目市川團十郎が建立。側面に銘がある。常夜燈はここにあった茶屋「林屋」の前に立っていた。

千葉県佐倉市井野1434

右／池の北岸にある厳島神社 左／水神を祀る社もある

江戸時代からの湧水池 疲れた旅人を癒やした

❸加賀清水公園《かがしみずこうえん》

国道296号から北へ150mほど入ったところにある水と緑のオアシス。木々に囲まれた池があり、湧水によって透明な状態が保たれている。江戸時代、この水を汲んで旅人に茶を振る舞った茶屋の「林屋」が大繁盛した。

千葉県佐倉市井野1624

「加賀」の名は佐倉藩主の大久保加賀守忠朝が参勤交代の折に必ず立ち寄ったために名付けられたという。池は木漏れ日が美しい

お耳拝借 6 omimihaisyaku

ユーカリが丘駅は京成本線と接続し、北口にはウィシュトンホテルユーカリが立つ

❖ユーカリが丘《ゆーかりがおか》

成田街道沿いには歴史のある街が多いが、その中にあってユーカリが丘は異色だ。街の名前からも連想されるように、ここは民間デベロッパーが開発したニュータウン。開発が始まったのは昭和46年（1971）。昭和54年（1979）から分譲が始まり、現在は約7600世帯、1万9000人（2020年4月現在）が住む。開発は今なお進行中で、将来は3万人が住む街になるという。

住民の足となっているのが昭和57年（1982）に開業した新交通システムの山万ユーカリが丘線。拠点となるユーカリが丘駅周辺にはホテルや巨大ショッピングセンターなどが立ち並び、北側に高層マンションを中心とした住宅地が広がる。路線は全長4.1km、全6駅を結ぶ環状線で、地区センター駅、公園駅、女子大駅、中学校駅と続く駅名を見ると、住民の暮らしに結び付いていることがよくわかる。

「こあら号」と名付けられた車両が、反時計回りに走行し、1周13分で周回する

ユーカリが丘駅周辺は高層マンションが立ち、奥には戸建て住宅地が広がる

炉穴の跡が見つかった
約7000年前の貝塚

④上座貝塚《じょうざかいづか》

約7000年前の縄文時代早期末の貝塚。竪穴住居跡や炉穴（ろあな）などが確認され、土器のほかマガキ、ハマグリなどの貝が見つかっている。京成本線で分断されているが、貝塚は線路の北側にも広がっている。

千葉県佐倉市上座374-1

一番原街区公園内の貝塚は雑木林の小丘となっている。
ユーカリが丘のマンション群を眺める地もあり、新旧の対比が面白い

道標に従って右へ行く道は
大名宿通りと呼ばれている

新吉原の宿の主人が建てた
約200年前の道標

⑤臼井台の成田みち道標《うすいだいのなりたみちどうひょう》

手繰川を越えて臼井台へと坂を上ってくると突き当りのT字路にこの道標が見える。高さ1m余り。正面に「右成田みち」と彫られていて、現在でも道標の役目を果たせる。江戸、新吉原の宿の主人が願主になっている。

千葉県佐倉市臼井台4

道標の表面には「成田みち」と彫った文字がはっきりと読み取れる

実蔵院には鎌倉時代末の作と思われる阿弥陀如来坐像を安置する

明治36年（1903）、実蔵院の住職が寺に学校を設立した記念碑

上／雷電の手形。自分の手を重ねる見学者が多い
右／身長六尺五寸（約2m）の雷電像に佐久間象山が書いた文字が寄せられている

等身大の雷電が描かれた
巨大な顕彰碑と手形

⑥雷電為右衛門の碑

らいでんためえもんのひ

江戸時代中期、無敵といわれた大関の雷電。引退後は妻の郷里の臼井で過ごした。この顕彰碑は雷電没後153年の命日に建てたもので、等身大の雷電を線刻している。碑の下には全国に4カ所ある雷電の墓の土を埋めている。

千葉県佐倉市臼井台1201

朱塗りの鐘楼門が見事な妙伝寺。鐘は宝暦7年（1757）鋳造

妙伝寺は日蓮宗。
享保16年（1731）建立の題目塔がある

八重の実家である茶屋「天狗さま」の跡地には案内板が掛かっている

街道から200mほどの山間に
雷電夫妻と幼い娘が眠る

⑦雷電為右衛門夫妻の墓

らいでんためえもんふさいのはか

雷電の妻の八重は「天狗さま」という臼井の茶屋の娘だった。商家の養女となり、八重と名を変えて雷電と結婚。一女をもうけたが幼くして死去。雷電夫妻の墓には養女も含めて3人が埋葬されている。

千葉県佐倉市臼井台31

墓を守る杉山家の墓所。雷電夫妻の墓は一番右で夫妻の戒名が正面にある

臼井町の道路元標。本来は現在地より北へ７ｍの場所だった

道路元標が右、明治天皇臼井行在所の碑が左に立ち、中央に解説板が立つ

かつては高札場でもあった
臼井中宿の中心地に立つ

⑧臼井町道路元標・明治天皇臼井行在所の碑《うすいまちどうろげんぴょう・めいじてんのううすいあんざいしょのひ》

道路元標とは市町村の中心となる重要な場所に置かれる標識。ここは臼井町の道路の起点となる場所だ。明治天皇臼井行在所の碑は明治天皇が何回かの臼井行幸の際、いずれもこの地で昼食を召し上がったという記念の碑。

千葉県佐倉市臼井158

臼井氏が築いた中世の城
夕景は臼井八景の一つ

⑨臼井城址公園《うすいじょうしこうえん》

臼井城は14世紀の中頃に臼井興胤（うすいおきたね）が築いたと伝わる城。戦国末期に酒井家3万石の居城となったがその後に廃城。太田道灌や上杉謙信と戦った記録もある。本丸跡、二の丸跡のほか、土塁や空堀が確認できる。

千葉県佐倉市臼井字城ノ内

臼井城址の高台から望む北方風景。写真奥の平らな水面は印旛沼

臼井城本丸跡。公園外の三の丸跡には文明11年（1479）に臼井城を攻め落としたが討死した太田図書（ずしょ）の墓もある

長源寺を開いた道誉上人（どうよしょうにん）の墓が、寺からやや離れた墓所にある

宮小路の武家屋敷通りは城下町らしい風情の残るところ

Course No. 5

臼井▶酒々井

佐倉藩堀田家11万石の城下町を行く

歩行距離 約16.9km

約4時間10分

歩数 約2万2500歩

Start 京成臼井駅
京成本線
▼
3 佐倉城址公園
▼
4 国立歴史民俗博物館
▼
11 旧堀田邸
▼
13 佐倉順天堂記念館
▼
16 本佐倉城跡
▼
19 酒々井築山
▼
Goal 京成酒々井駅
京成本線

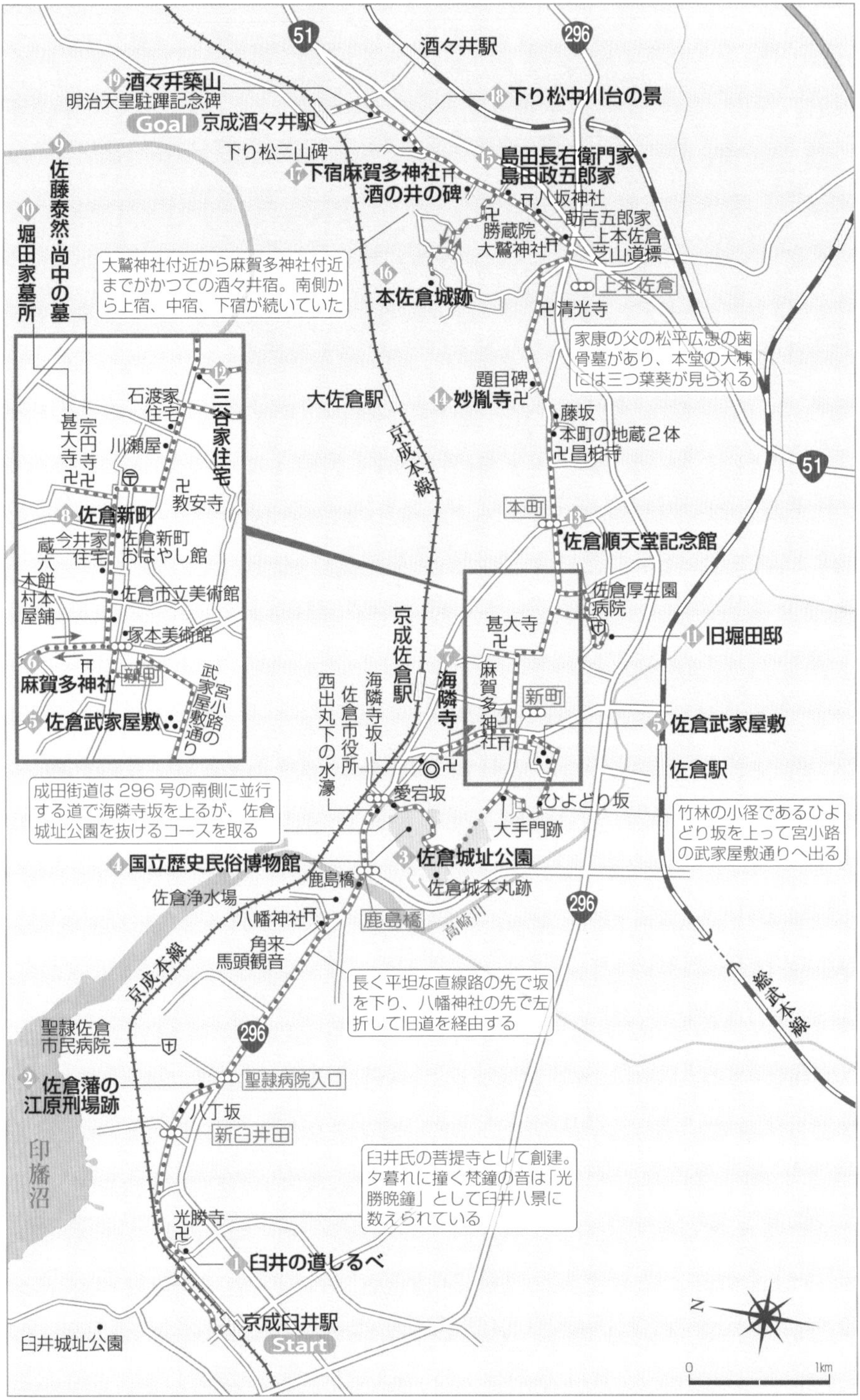
51
296
酒々井駅
19 酒々井築山
明治天皇駐蹕記念碑
Goal 京成酒々井駅
18 下り松中川台の景
下り松三山碑
15 島田長右衛門家・島田政五郎家
17 下宿麻賀多神社
酒の井の碑
八坂神社
莇吉五郎家
勝蔵院
上本佐倉
大鷲神社
芝山道標
9 佐藤泰然・尚中の墓
10 堀田家墓所
大鷲神社付近から麻賀多神社付近までがかつての酒々井宿。南側から上宿、中宿、下宿が続いていた
16 本佐倉城跡
上本佐倉
清光寺
家康の父の松平広忠の歯骨墓があり、本堂の大棟には三つ葉葵が見られる
題目碑
14 妙胤寺
大佐倉駅
京成本線
藤坂
本町の地蔵２体
昌柏寺
51
本町
13 佐倉順天堂記念館
佐倉厚生園病院
11 旧堀田邸
12 三谷家住宅
石渡家住宅
川瀬屋
宗円寺
甚大寺
教安寺
8 佐倉新町
今井家住宅
佐倉新町おはやし館
蔵六餅本舗
木村屋
佐倉市立美術館
塚本美術館
6 麻賀多神社
新町
武家屋敷通り
宮小路
5 佐倉武家屋敷
甚大寺
麻賀多神社
新町
7 海隣寺
京成佐倉駅
海隣寺坂
佐倉市役所
西出丸下の水濠
5 佐倉武家屋敷
佐倉駅
愛宕坂
ひよどり坂
大手門跡
成田街道は296号の南側に並行する道で海隣寺坂を上るが、佐倉城址公園を抜けるコースを取る
竹林の小径であるひよどり坂を上って宮小路の武家屋敷通りへ出る
4 国立歴史民俗博物館
3 佐倉城址公園
鹿島橋
佐倉城本丸跡
佐倉浄水場
八幡神社
鹿島橋
高崎川
296
角来馬頭観音
長く平坦な直線路の先で坂を下り、八幡神社の先で左折して旧道を経由する
京成本線
総武本線
聖隷佐倉市民病院
296
聖隷病院入口
2 佐倉藩の江原刑場跡
八丁坂
新臼井田
印旛沼
臼井氏の菩提寺として創建。夕暮れに撞く梵鐘の音は「光勝晩鐘」として臼井八景に数えられている
光勝寺
1 臼井の道しるべ
京成臼井駅
Start
臼井城址公園
N
0
1km

城下町の佐倉から宿場町の酒々井へ

本コースは江戸時代の佐倉藩の領地内を歩く。中心となるのは佐倉城址と佐倉市街の城下町で、武家屋敷や藩主ゆかりの寺社などがあり、その面影をたどることができる。

京成臼井駅から❶臼井の道しるべまでは約10分。三差路に数本の石柱があり、最も大きな道標に「東 成田道」と彫られていて、それに従って東へ。

国道296号は八丁坂を上り、上りきる手前に❷佐倉藩の江原刑場跡がある。木々の茂るポケットパークのような場所だが、ここで約200年前に刑死者の腑分けが行われた。

道はまっすぐに台地上を行く。途中にある八幡神社からは東方やや右に❸佐倉城址公園の緑の丘が見えた。森の上に飛び出した近代的な建物は❹国立歴史民俗博物館である。

佐倉藩は江戸の東方を守る重要な藩だった。藩主はめまぐるしく変わったが、いずれも親藩や譜代大名が封じられた。江戸時代初期に佐倉城を築いたのは土井利勝である。石垣は設けず、深く広い空堀や土塁を築いて守りを固めた。かつての椎木曲輪の場所に「歴博」が立っている。わが国の考古、歴史、民俗を広範な資料と解説で紹介。初めて訪れた時、「全部見るのに3日かかる」と思ったものだ。

激しく変わった佐倉藩の藩主も、江戸中期の堀田家で安定する。町中に残る歴史も堀田家とかかわりあるものが多い。❺佐倉武家屋敷の3軒はいずれも堀田家の家臣。

佐倉総鎮守の❻麻賀多神社と千葉氏の菩提寺である❼海隣寺を経て、中心街の❽佐倉新町へ。和菓子の木村屋では堀田家ゆかりの蔵六石にちなむ蔵六餅を販売。通りを折れば宗円寺に❾佐藤泰然《たいぜん》・尚《たか》中《なか》の墓が立ち、甚大寺に❿堀田家墓所がある。佐藤泰然は5代藩主堀田正睦《まさよし》が江戸から呼んだ蘭方医だ。6代藩主堀田正倫《まさとも》の屋敷である⓫旧堀田邸は市街地のやや南に位置する。登録有形文化財の⓬三谷家住宅で県道に戻ると、その先に佐藤泰然がメスを持った⓭佐倉順天堂記念館がある。

佐倉市街に別れを告げ、県道を東へ進む。日蓮宗の⓮妙《みょう》胤《いん》寺に参拝した後、酒々井宿に入ると⓯島田長右衛門家・島田政五郎家がどっしりした姿を見せる。その前の信号から細道を入って⓰本佐倉城跡へ。もはや森林と草原の古城址だが、そこはかとなく歴史が漂う。

県道へ戻り北上。酒々井の地名の由来となった酒の井へ寄り、点在する⓱下宿麻賀多神社、⓲下り松中川台の景、⓳酒々井築山を経由すればゴールの京成酒々井駅は近い。

成田詣での旅人を案内した道標
横に並ぶ石碑はさらに古いもの

❶臼井の道しるべ《うすいのみちしるべ》

京成臼井駅先の京成本線の踏切を渡った三つ叉に、文化3年(1806)に建立された道標が立つ。正面に「西 江戸道」、側面に「南 飯重生ケ谷道」「東 成田道」と彫られている。江戸時代に成田詣でが盛んになった頃の道標だ。

千葉県佐倉市臼井

道標の横には仏像が彫られた石碑があり、こちらには「成田道」以前の呼び名である「さくら道」と彫られている

光勝寺は時宗の寺。本堂前に開祖・一遍聖人のお札くばりの姿像が立つ

光勝寺は高台にあり、鐘楼脇から印旛沼が一望できる

佐倉藩最初の人身解剖の地
刑死者を弔う石塔が立つ

❷佐倉藩の江原刑場跡《さくらはんのえばらけいじょうあと》

八丁坂を上ると、3段に組まれた台座の上に「南無妙法蓮華経」と刻まれた高さ2mほどの石塔が立つ。この地は佐倉藩の刑場跡で、天保14年(1843)、蘭医学研究のために藩医・鏑木仙庵(かぶらぎせんあん)が刑死者の解剖を行った。

千葉県佐倉市江原台1-28

供養塔は寛政8年(1796)に近隣の寺院の建立したもの。近くに首洗井戸がある

茶室・三逕亭（さんけいてい）では日曜・祝日に一般向けの茶席を開催

上／大分県の臼杵磨崖仏のなかでも有名な古園石仏大日如来像の実物大レプリカが見られる　左／天守跡を示す記念碑が立つ

日本100名城に選定の佐倉城
現在は自然豊かな公園に

③佐倉城址公園《さくらじょうしこうえん》

慶長15年（1610）、徳川家康の命を受けた土井利勝が築城した佐倉城跡を整備した公園。天守閣跡には推定樹齢400年以上といわれる県天然記念物の「夫婦モッコク」をはじめ、巨樹・古木が多い。桜の名所としても知られる。

千葉県佐倉市城内町官有無番地

園内には写真の空堀をはじめ、天守閣跡、南出丸、西出丸など城の遺構が多数残されている

日本の歴史・民俗資料を一堂に
1日では足りないほどの充実展示

④国立歴史民俗博物館《こくりつれきしみんぞくはくぶつかん》

先史・古代から現代までの日本の歴史と文化・考古学を時系列で紹介する5つの展示室と民俗文化展示室があり、実物資料やジオラマなどでわかりやすく解説。国宝や重要文化財をはじめ、約27万点という膨大な収蔵品がある。

9時30分～17時(10月～2月は～16時30分)／月曜(祝日の場合は翌日)休／入館600円／千葉県佐倉市城内町117／☎050-5541-8600(ハローダイヤル)

右／明治時代に佐倉連隊が置かれていた地に昭和58年(1983)に開設
下／伊勢参詣で賑わった椋本宿の旅籠「角屋」の復元模型

第3展示室には各街道に置かれた道標(レプリカ)の展示もある

武家屋敷近くの道案内。旧堀田邸、佐倉市立美術館などの文字が見える

下右／文政4年(1821)から天保8年(1837)の間の建築という旧但馬家住宅。平成4年に現在の姿に整備された
下左／旧但馬家には甲冑なども展示されている

武家屋敷が立ち並ぶ小路は
江戸時代の町並みを想像させる

⑤佐倉武家屋敷《さくらぶけやしき》

武家屋敷通りとも呼ばれる宮小路(旧鏑木小路)にある3軒の武家屋敷が公開されている。旧河原家住宅は三百石以上の大屋敷、旧但馬家住宅は百石以上の中屋敷、旧武居家住宅はそれ以下の身分の小屋敷と、3軒それぞれに特徴が異なる。

9時～17時／月曜(祝日の場合は翌日)休／入館210円／千葉県佐倉市宮小路町57／☎043-486-2947

佐倉に残る武家屋敷の中では最も古く、3軒の中では最も大きな旧河原家住宅。平成2年に現在地に移転

「まかたさま」と呼ばれ 佐倉藩に信仰された古社

⑥麻賀多神社《まかたじんじゃ》

創建は定かではないが、約1050年前に完成した政令集『延喜式』に名が見られる。佐倉藩の総鎮守として代々の藩主や家臣たちに篤く信仰されてきた。本殿は天保14年(1843)、佐倉藩5代目藩主堀田正睦の造営。

千葉県佐倉市鏑木町933-1

佐倉城追手門近くにあり、藩主や家臣に崇敬されてきた

左／鳥居の前に藩営の西洋式病院「佐倉養生所」跡地を示す碑が立つ
左奥／境内は樹齢800年以上の大イチョウをはじめ、古樹・大樹に包まれる

千葉氏累代の墓が立つ 境内一帯は縄文の遺跡

⑦海隣寺《かいりんじ》

境内に立つ縁起を記した掲示板によると、治承3年(1179)、千葉勝胤(かつたね)が海から金色に輝く阿弥陀如来像を引き上げたため、馬加(現在の幕張)に寺を建立し本尊としたとある。後に本佐倉城に、さらに現在地に移転した。

千葉県佐倉市海隣寺町78-1

上／墓地には本佐倉城を本拠とした千葉氏の歴代城主を祀る五輪塔・宝篋印塔が並ぶ
右／一帯は縄文時代から近世にわたる史跡で、海隣寺於茶屋遺跡として保存されている

「佐倉新町江戸まさり」と謳われた城下町の中心にあった町人町

⑧ 佐倉新町《さくらしんまち》

佐倉の城下町は、成田街道に沿って田町、佐倉新町、弥勒町、本町、本佐倉、酒々井町の佐倉六町で形成された。なかでも佐倉新町は商工業者のための町で、江戸時代後期には町屋が立ち並び、その賑わいは「佐倉新町江戸まさり」といわれるほどだった。

千葉県佐倉市新町

新町通りに面して立つ旧今井家住宅は妻入り寄棟造りの元呉服店。座敷棟や土蔵とともに国の登録有形文化財

川瀬屋は天保元年（1830）創業のそば処。白壁と瓦屋根の建物が古い街並みに溶け込む

そばは少し太めで、甘辛いつけ汁は、だしが利いている

経安寺の本堂前には旧街道に向かって金銅地蔵菩薩座像が置かれている

明治15年（1882）に銀座木村屋の2号店として創業した木村屋。当時はパン屋として営業していた

佐倉藩主堀田家の家宝である「蔵六石」にあやかった「蔵六餅」が名物

レンガ造りの佐倉市立美術館は、大正7年（1918）に建てられた旧川崎銀行。平成6年11月に美術館として開館。1階にカフェがあるのでひと休みできる

墓所の奥、「贈従四位佐藤泰然之墓」と刻まれた墓標が佐藤泰然の墓

佐倉順天堂を開設・発展させた
佐藤泰然・尚中親子の墓

9 佐藤泰然・尚中の墓

さとうたいぜん・たかなかのはか

堀田宗家初代堀田正盛が実弟・脇坂安利（わきざかやすとし）の菩提を弔うために創建した宗円寺。本堂裏の墓所に佐倉順天堂を開設した佐藤泰然と、養子として迎え、泰然とともに佐倉順天堂を発展させた尚中の墓がある。

千葉県佐倉市新町89

佐藤家の墓所の中央、「従五位佐藤舜海之墓」と刻まれているのが佐藤尚中の墓

佐倉藩5代藩主であり、
老中も務めた堀田家9代正睦の墓

佐倉藩主・堀田家の菩提寺
七福神めぐりや縁日を開催

10 堀田家墓所

ほったけぼしょ

甚大寺は、元和元年（1615）天台宗比叡山延暦寺の末寺として創建。延享3年（1746）に堀田家5代正亮（まさすけ）の佐倉城主への転封に伴い現在地に移転。以来、堀田家の菩提寺となり、墓所に堀田正俊、正睦、正倫の墓がある。

千葉県佐倉市新町78-1

堀田家歴代が眠る墓所。寺は佐倉七福神めぐりの毘沙門天を祀り、毎月10日には招福祈願の縁日が開かれる

旧成田街道沿いに立つ石渡家住宅は明治時代から続く商家

最後の佐倉藩主の邸宅
建物7棟が国の重要文化財

⑪ 旧堀田邸《きゅうほったてい》

佐倉藩最後の藩主・堀田正倫が明治23年(1890)に建てた邸宅。庭園を含む一帯は国の名勝、邸宅部分の玄関棟・座敷棟・居間棟・書斎棟・湯殿および土蔵、門番所の7棟が国の重要文化財に指定されている。

9時30分～16時30分／月曜(祝日の場合は翌日)休／入館320円／千葉県佐倉市鏑木町274／☎043-483-2390

大規模な建物と広大な庭園が調和した明治期を代表する和風住宅

右／建物の周りは和風の庭園、その外側に広い芝生地が広がり、台地の地形を生かして借景を取り込んでいる　上／正面の大きな玄関は式台玄関といい、正倫や正式な客用の玄関として使われていた

出桁造りの商家で、赤い壁に木の格子の付いた窓が印象的

赤い壁が目を引く商家建築
佐倉市の登録有形文化財

⑫ 三谷家住宅《みたにけじゅうたく》

三谷家は江戸時代から呉服太物を扱う老舗。主屋と並んで袖蔵が立つのは明治時代の商家の特徴でもある。袖蔵は明治17年(1884)の建築で、主屋もその頃のものと考えられる。奥の座敷屋は昭和10年(1935)頃の建築。

千葉県佐倉市弥勒町185

佐藤泰然・尚中が切り開いた
日本の西洋医学の先駆けの地

⑬佐倉順天堂記念館《さくらじゅんてんどうきねんかん》

佐倉は、江戸時代には「西の長崎、東の佐倉」といわれたほど西洋医学（蘭医）が盛んだった。順天堂は、天保14年（1843）に佐倉藩主堀田正睦の招きを受けた佐藤泰然が開いた蘭医塾兼診療所。西洋医学による治療と医学教育が行われた。

9時～17時／月曜（祝日の場合は翌日）休／入館100円／千葉県佐倉市本町81／☎043-485-5017

現在の建物は安政5年（1858）に建てられたもので千葉県指定史跡

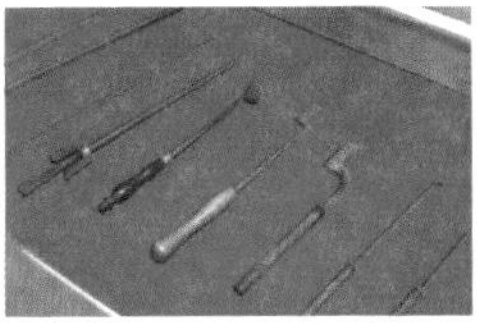

右／敷地内に佐藤泰然の像が立つ。順天堂は、佐藤尚中をはじめ、明治医学界をリードする人々を輩出した　左／館内には実際に使われていた医療器具や医学書などを展示する

加藤清正の木像を安置
平手造酒も戦勝を祈願した？

⑭妙胤寺《みょういんじ》

正安元年（1299）に真言宗の寺院、弥勒院として建立されたが、後に日蓮宗に改宗。本佐倉城主千葉勝胤の帰依を受けて祈願所となったことから、勝胤の「勝」をとって山号を常勝山、「胤」をとって寺号を妙胤寺とした。

千葉県印旛郡酒々井町本佐倉557

『天保水滸伝』で知られる平手造酒（みき）が寄りかかったという松

本堂内には日蓮宗の大信徒であった加藤清正の像が祀られている

通り沿いに立つ大きな題目碑を目印にケヤキ並木を入れば妙胤寺がある

長右衛門家が本家、隣接する政五郎家が分家。現在の建物は明治時代前期の建築

本家と分家が連なる家は
幕府直轄の野馬を管理した家

⑮島田長右衛門家・島田政五郎家

しまだちょうえもんけ・しまだまさごろうけ

島田家は、徳川幕府の野馬御用を勤めた牧士（もくし）の家。当時建物の裏には野馬会所（のまかいしょ）と野馬払い場があった。捕獲した野馬は、幕府役人の乗馬用や役馬用のほか、農耕馬として農民に払い下げられた。

千葉県印旛郡酒々井町酒々井1688

左／千葉氏の家紋を描いた模擬矢立
下／一帯は遊歩道が整備され、散策を楽しめる

土塁や空堀などの遺構がほぼ完全な姿で残されていることから、千葉県内の城郭としては初めて国の史跡に指定された

多くの遺構が残る戦国の城
城跡はいま、国指定史跡に

⑯本佐倉城跡

もとさくらじょうあと

本佐倉城は文明年間（1469～1487）に千葉氏がに築城し、天正18年（1590）に豊臣秀吉に滅ぼされるまで千葉氏の居城だった。16世紀前半には城下町も整い、本佐倉城は下総の政治・経済・軍事・文化の中心として繁栄した。

千葉県印旛郡酒々井町本佐倉781

ここは主殿があった地。城山では随所に本佐倉城の遺構がある

小さな祠が立ち並ぶ景観は
千年の古社の趣を感じる

17 下宿麻賀多神社《しもじゅくまかたじんじゃ》

永承8年(1053)創建と伝わり、酒々井村の鎮守として崇敬されていた。本佐倉城の千葉氏に篤く信仰されたとも伝わり、境内の古峯神社、大杉神社、妙見神社、水神社など十社の摂社・末社があることから往時の栄華が偲ばれる。

千葉県印旛郡酒々井町酒々井204

右上／石垣や玉垣に囲まれた境内に樹齢300年を超すケヤキやシイの大樹が立つ　左／境内の最奥に立つ拝殿。木々に包まれた境内は静寂に包まれる

街道沿いに奥州出羽三山に参詣したことを記念する下り松三山碑が立つ

下り松中川台の景を描いた
『諸国名所百景』「下総印旛ぬま」
2代歌川広重／元治元年(1864)

印旛沼や遠く筑波山を望む
浮世絵にも描かれた絶景地

18 下り松中川台の景《さがりまつなかがわだいのけい》

下り松は、酒々井の北端にある印旛沼の眺望に恵まれた場所。印旛沼に浮かぶ高瀬舟や漁師の小船、その先の筑波山までを望む眺望地だった。江戸時代には茶店があり、成田詣での人々の休憩所として賑わったという。

千葉県印旛郡酒々井町酒々井

景色は変わったが、いまでも印旛沼や筑波山を眺めることができる

資産家の造った近江八景
築山から筑波山も見える

⑲酒々井築山《しすいつきやま》

通称「桜山」と呼ばれる小高い丘。戦国時代には見張り台が置かれ、印旛沼を通行する船を監視していた。この地は資産家であった木内常右衛門家の邸内で、近江八景に真似て築庭をしたことからた「築山」と呼ばれた。

千葉県印旛郡酒々井町酒々井

右／東屋が立つ見晴台がある
下／台地にあり、印旛沼や筑波山を眺望できる名勝地。反対側には一面の田園地帯が広がる

明治天皇が巡行の際に2回訪れたことを記念した碑が立っている

お耳拝借 7 omimihaisyaku

❖「酒の井」の伝説《「さけのい」のでんせつ》

水の湧き出る音声案内装置が設置されている

印旛沼の近くに年老いた父親と孝行息子が住んでいた。息子は毎日酒を買って父親に飲ませていたが、ある日、酒を買う金に困り、「父に酒を買うことができないなんてなんて親不孝なんだ」と嘆き、心を痛めながら歩いていた。

すると、道ばたの井戸から酒の匂いがするので井戸水を汲み上げて飲んでみると、それは酒だった。その酒を持ち帰り父親に飲ませると、「これはうまい酒だ」と喜んだ。息子は毎日この井戸から酒を汲んで帰り、父親を喜ばせていた。

この噂は世間に知られるようになったが、ほかの人が汲んでもただの水だった。「きっと、孝行息子の真心が天に通じたのだ」とみんなが息子を褒め称えた。酒の井戸があることから村は「酒々井」と呼ばれるようになったという。

現在の酒の井戸は復元されたもの

円福院神宮寺境内に「酒の井の碑」が立つ。円福院の建物はなく、小公園という趣

新勝寺方面から見上げる参道の商店街。老舗が点在する

Course No. 6

酒々井▶成田

林間の静かな街道から門前町の賑わいへ

歩行距離 約9.5km

約2時間20分

歩数 約1万2700歩

Start 京成酒々井駅
京成本線
▼
❷ **大崎馬頭観音堂と道標**
▼
❹ **伊篠の竹之下地蔵尊**
▼
❺ **不動塚**
▼
❼ **不動尊旧跡**
▼
❽ **薬師堂**
▼
成田山新勝寺
▼
Goal 成田駅
JR成田線

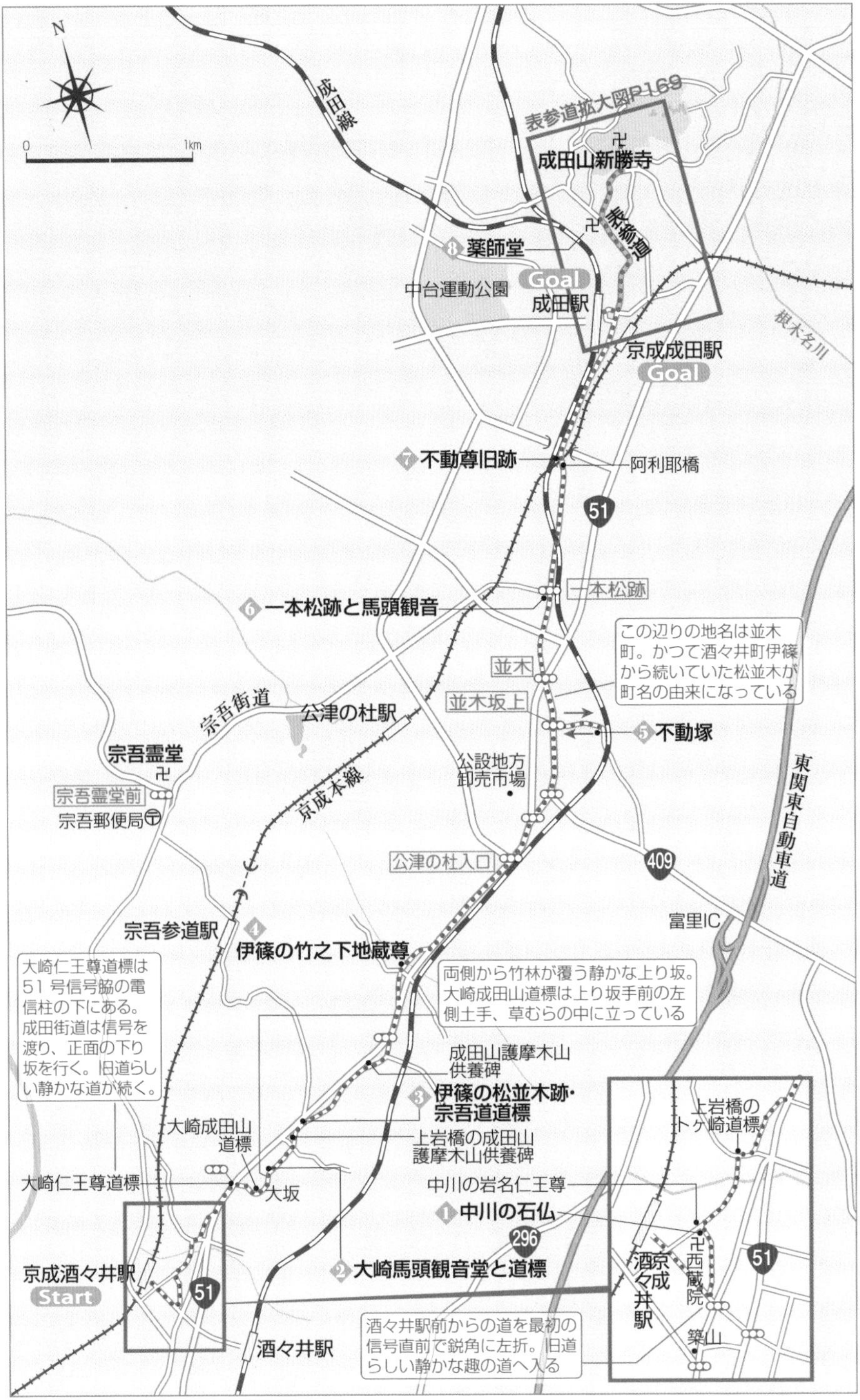
N
0
1km
成田線
表参道拡大図P169
成田山新勝寺
表参道
8 薬師堂
中台運動公園
Goal
成田駅
京成成田駅
Goal
根木名川
7 不動尊旧跡
阿利耶橋
51
一本松跡
6 一本松跡と馬頭観音
この辺りの地名は並木町。かつて酒々井町伊篠から続いていた松並木が町名の由来になっている
並木
並木坂上
5 不動塚
宗吾街道
公津の杜駅
宗吾霊堂
宗吾霊堂前
宗吾郵便局
京成本線
公設地方卸売市場
東関東自動車道
公津の杜入口
409
富里IC
宗吾参道駅
4 伊篠の竹之下地蔵尊
大崎仁王尊道標は51号信号脇の電信柱の下にある。成田街道は信号を渡り、正面の下り坂を行く。旧道らしい静かな道が続く。
両側から竹林が覆う静かな上り坂。大崎成田山道標は上り坂手前の左側土手、草むらの中に立っている
成田山護摩木山供養碑
3 伊篠の松並木跡・宗吾道道標
大崎成田山道標
上岩橋の成田山護摩木山供養碑
上岩橋のトヶ崎道標
大崎仁王尊道標
大坂
中川の岩名仁王尊
1 中川の石仏
296
2 大崎馬頭観音堂と道標
京成酒々井駅
Start
51
酒々井駅
酒々井駅前からの道を最初の信号直前で鋭角に左折。旧道らしい静かな趣の道へ入る
京成酒々井駅
西蔵院
51
築山

護摩木山供養碑に信仰の強さを思う

成田街道最後のコースだ。次第に目的地である成田山新勝寺が迫ってくるのを感じる。街道沿いにかつて成田山で焚く護摩木の材料を集めた護摩木山が現れ、成田山発祥の地も出てくる。道も旧街道らしい静かな雰囲気から、賑やかな表参道へと変わる。満願成就！　いざ、成田山新勝寺へ。

京成酒々井駅から❶中川の石仏までは5分ほど。現在は静かなところだが、江戸時代は旅館や茶屋が立ち並び、明治時代には人力車が盛んに走っていたという。

国道51号へ出て200ｍほど歩き旧道の大坂へ。急な上り坂で馬を使って荷を運ぶ人々も苦労した。途中に❷大崎馬頭観音堂と道標があり、馬頭観音は運送業者による奉納というから納得がいく。坂は竹薮が覆い昼なお暗い。昔の田舎道の雰囲気がする。

竹薮の中に高さ3〜4ｍもある上岩橋の成田山護摩木山供養碑が立つ。護摩木山供養碑は何カ所かにあり、多くの人々が杉の木の茂る護摩木山を奉納していたことがわかる。ほどなく❸伊篠の松並木跡・宗吾道道標が現れる。この辺り、かつては松並木が続いていたのだ。宗吾道は義民・佐倉宗吾を祀る宗吾霊堂への参詣道である。松並木跡の道を歩き、国道51号を渡って再び旧道へ。野中にぽつんと一体だけ立つ❹伊篠の竹之下地蔵尊が妙にポエジーだ。

国道51号に出て歩くうちに成田市へ入る。分岐する国道409号へ道を取り、並木坂上交差点を右折。300ｍで現れるのが❺不動塚である。ここが成田山新勝寺発祥の地だ。新勝寺開山の寛朝僧正《かんちょうそうじょう》が、平将門の乱の平定を念じて京都から護持《ごじ》してきた不動明王をこの地に祀り、乱の平定後に帰ろうとしたら不動明王が動かない。そこでこの場所に堂宇を立てて祀ったというのが発祥伝説。かつては杉木立の中だったが、平成29年に整備してきれいになっている。

409号へ戻って北上。市街地のムードが強くなり、❻一本松跡と馬頭観音を過ぎればやがて❼不動尊旧跡へ着く。江戸時代末期、新本堂建設に際してこの場所に本尊の仮安置所を造ったのだ。

徒歩10分ほどで成田駅前となる。ここから表参道となり、両側に店舗が並び、毎月28日の縁日は賑わいも増す。❽薬師堂は築後350年以上の歴史を持つ。新勝寺には現在の本堂を含め4代の本堂が現存しているが、その中で最も古いのがこの薬師堂だ。坂を下れば成田山新勝寺の門前。しっかりと拝観して帰路に就こう。

三差路に地蔵や道標が立つ
江戸時代は繁華な地だった

❶中川の石仏《なかがわのせきぶつ》

中川の三差路に3カ所に分かれて石造物が立っている。覆い屋根の中に立つのが中川の石仏で、中央の地蔵に元禄2年（1689）の銘がある。江戸時代、付近は旅館や茶屋が多かった。道の対面に「仁王みち」の道標がある。

千葉県印旛郡酒々井町中川

7体の地蔵が立つ中川の石仏。江戸中期のものもある

「仁王みち」（左）は佐倉市岩名の岩名仁王尊への道標

運送業者が奉納した馬頭観音
堂内には馬の絵馬もある

❷大崎馬頭観音堂と道標《おおさきばとうかんのんどうとどうひょう》

大坂という坂の途中、左側斜面の中腹にお堂やいくつかの石碑が立っている。馬頭観音は馬で荷物を運ぶ業者が奉納したもので、坂で難儀する馬を供養するもの。道標には天保10年（1839）の銘がある。

千葉県印旛郡酒々井町上岩橋

小堂には赤い前垂れをつけた石仏が安置されている

観音堂内には馬の絵馬が奉納され、地域の人々の信仰の強さを思わせる

山の斜面の中腹に観音堂や馬頭観音などが並び立っている

竹薮の中にある大きな上岩橋の成田山護摩木山供養碑

碑の立つ位置からは宗吾霊堂へ向かう宗吾道もあり、かつては参詣者が連なった

写真でしのぶ昔の松並木
旅人に木陰を提供した

❸伊篠の松並木跡・宗吾道道標

いじののまつなみきあと・そうごどうどうひょう

国道51号に沿う成田街道の旧道に、かつて松並木が続いていた。享保年間(1716～1736)に代官小宮山杢之進が植えたといわれ、杢之進並木との名もあった。県の文化財だったが松食虫の被害で昭和初期までに全滅した。

千葉県印旛郡酒々井町伊篠

かつての松並木の写真。約800m続いていた

子育て、火防、病気平癒など、あらゆる願いをかなえてくれる延命地蔵として信仰される

用水路の脇に立つ延命地蔵
賽の河原の子供を救う

❹伊篠の竹之下地蔵尊

いじののたけのしたじぞうそん

野中にぽつんと立つ延命地蔵尊。丸彫りで、像高約1.25m。地元の女人講中によって建てられたという。地蔵のすぐ横に用水が流れているが、地蔵が賽の河原で子供を救うという信仰に由来するといわれている。

千葉県印旛郡酒々井町伊篠

バス停に名を残す一本松
かつては旅人の目印

⑥一本松跡と馬頭観音《いっぽんまつあととばとうかのん》

成田街道と成田赤十字病院からの道が交差するT字路に一本松跡の碑がある。以前はT字路の中央に1本の松があったが排ガスの影響などで枯死、伐採されてしまった。碑に並んで立つ馬頭観音は安政5年(1858)の道標。

千葉県成田市飯仲

大きな一本松跡の碑。すぐ脇の植え込み内に馬頭観音などが並ぶ

左／不動堂と不動塚の碑。碑は明治17年(1884)に建てられた
左下／不動堂に安置される石造りの不動明王

成田山新勝寺の旧跡地
石造りの不動明王を祀る

⑤不動塚《ふどうづか》

成田山新勝寺の本尊不動明王を最初に安置したところとされ、成田山の旧跡地といわれる。平将門の乱の折、成田山開山の寛朝僧正が京都から護持した不動明王をこの地に安置。乱の平定後に堂宇を建立したという。

千葉県成田市並木町

ひと足延ばして ここもチェック!

❖宗吾霊堂《そうごれいどう》

宗吾御一代記館では直訴の様子を66体の人形、13場面で再現

江戸時代前期、佐倉は飢饉に襲われていた。しかし、藩の年貢の取り立ては厳しく、滞納した農家には処分が行われた。名主の佐倉宗吾(本名木下惣五郎)は、処分を許してほしいと藩に願い出るが却下される。追い詰められた農民たちは一揆を決意するが、宗吾に説得され、一揆を思いとどまる。

宗吾は、他の名主たちと相談し、将軍に直訴をするしかないと決断する。将軍への直訴は死罪を免れないし、多人数で行動すれば目立つので宗吾は一人で行動を起こすことを決断する。そして、家族に罪が及ばないようにに妻を離縁し、4人の子どもたちを勘当した。

承応元年(1652)12月20日、宗吾は、上野寛永寺に墓参に訪れた4代将軍家綱の行列に飛び出し、一人で直訴を行った。訴状を読んだ家綱の命で、その後3年間は年貢を減免されることになった。

しかし、宗吾は4人の子どもたちとともに死罪。現在、刑場の跡地には宗吾霊堂が立っている。

境内自由(宗吾御一代記館は9時～16時、月曜(祝日の場合は翌日)休。入館700円／千葉県成田市宗吾1-558／☎0476-27-3131

上／宗吾霊堂は、正しくは東勝寺という真言宗の古刹
下／4人の子どもとともに眠る霊廟は、線香や花が絶えない

敷地内には数段の石段を設けた小堂内に道祖神を安置する

左／京成本線とＪＲ成田線の線路をまたぐ阿利耶橋の脇に数体の地蔵を安置する地蔵堂が立つ
左下／永代護摩木山の碑。品川一心講が奉納している

江戸末期の新本堂完成時
遷座の行列のスタート地

⑦不動尊旧跡《ふどうそんきゅうせき》

安政5年(1858)、成田山で新本堂完成の折、本尊の仮安置所を設けたこの場所から遷座の行列がスタートした。本来は不動塚(P166)に仮安置すべきところ、遠かったためこの地が選ばれた。敷地内に護摩木山供養塔などが立つ。

千葉県成田市不動ヶ岡1120-5

JR成田駅前にある権現山。講中が奉納した石碑や湯殿山権現社が立つ

参道の坂上に立つ
成田山で最古の建物

⑧薬師堂《やくしどう》

明暦元年(1655)に成田山の本堂として建てられた。初代市川團十郎はこの本堂にお参りしている。元禄14年(1701)に今の光明堂が本堂として建設されたことで、薬師堂は安政2年(1855)に現在地に移築された。

千葉県成田市上町496-1

薬師堂境内の入り口には六地蔵が祀られている

表参道の三差路に立つ薬師堂は本堂の時代に水戸光圀も参詣した。本尊は薬師如来

成田山最古の
建物を守るぞ!

成田山表参道《なりたさんおもてさんどう》

江戸の名残をとどめる街並み
名物グルメや建築美にも注目

往時を偲ばせる街並み 成田詣の歴史を伝える

江戸時代、成田山新勝寺のお不動様の出開帳による成田詣でが庶民の間で流行し、門前町も発展した。成田駅から約８００ｍの参道沿いには、１５０店舗以上が立ち並び、往事と変わらぬ賑わいをみせる。特に仲町・幸町界隈は、江戸中期創業の「大野屋旅館」の望楼のある木造３階建ての建物や、「一粒丸 三橋薬局」の土蔵造りの店舗などが残り、江戸時代を彷彿とさせる。また、利根川と印旛沼に挟まれた土地柄からウナギ屋が多い。店先で職人が捌く様子や蒲焼きの香ばしさが、今も昔も行き交う人を魅了する。

成田観光館

なりたかんこうかん

成田市の観光情報発信や休憩スポット。展示エリアでは成田祇園祭で昔使われていた山車や現役の山車などが見学できる。

9時～17時／月曜（祝日の場合は翌日、連休の場合は連休最終日の翌日）休／入館無料／千葉県成田市仲町383-1／☎0476・24・3232

荘厳華麗な山車（だし）が圧巻！

なごみの米屋 總本店

なごみのよねや そうほんてん

明治32年（1899）創業。看板商品の栗羊羹は、成田山新勝寺の精進料理に着想を得て考案。柔らかく煮た大粒の栗を煉り込んでいる。

8時～18時／無休／千葉県成田市上町500／☎0476・22・1661

小豆の風味豊かな「極上羊羹 栗」1本1800円

川豊本店《かわとよほんてん》

川魚の卸問屋として明治43年(1910)に創業。店頭で職人が手際よくウナギを捌き、うな重や白焼きなどで提供する。

10時～17時LO(7・8月は～18時LO)／無休／千葉県成田市仲町386／☎0476・22・2711

歴史的建造物が立ち並ぶ、仲町・幸町界隈

上うな重3600円、きも吸150円

竹製大根おろし ダブル歯2970円

藤倉商店《ふじくらしょうてん》

昔ながらの職人手作りの竹細工や木工品の店。おひつやセイロ、竹かご、竹ざる、箸まで、日常に使える品約3000点を販売。

8時30分～18時／水曜休(1・5・9月は無休)／千葉県成田市幸町488／☎0476・22・0372

昔から万病に効くと重宝された。1袋1320円

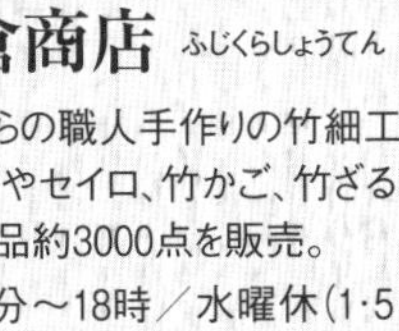

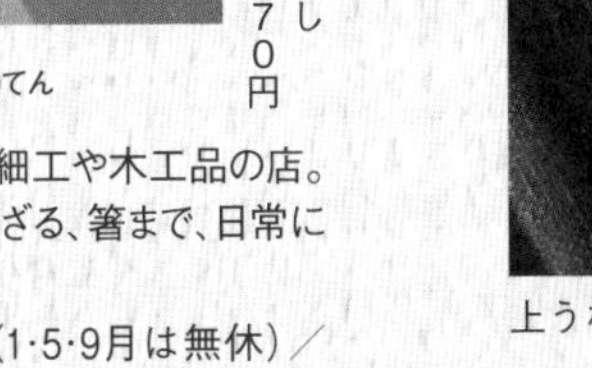

一粒丸《いちりゅうがん》 三橋薬局《みつはしやっきょく》

江戸時代元禄の頃創業の薬草専門薬局。「はらくすり成田山一粒丸」は、道中薬として成田詣の旅人に愛されてきた。

9時30分～19時／木曜／千葉県成田市仲町363／☎0476・22・0011

成田山新勝寺《なりたさんしんしょうじ》

関東一円を守る真言密教の寺院
市川團十郎と縁が深いお不動様

大本堂・三重塔《だいほんどう・さんじゅうのとう》

大本堂に本尊を奉安し、御護摩祈祷もここで行う。本堂右手に立つ三重塔は、正徳2(1712)建立。総高25m

仁王門《におうもん》

天保2年(1831)再建。左右に密迹金剛(みっしゃくこんごう)、那羅延金剛(ならえんこんごう)を奉安し、成田山の門を守ってきた。大提灯は江戸日本橋魚河岸講の奉納

額堂《がくどう》

文久元年(1861)に建てられた。奉納された額や絵馬などをかける建物で、七代目・團十郎から寄進された石像もある

千葉県成田市成田1／境内自由／☎0476・22・2111

成田のお不動様として今も愛され続ける古刹

真言宗智山派の大本山。天慶2年（939）に平将門の乱が起こったおり、朱雀天皇の密勅を受けた寛朝僧正が不動明王とともにこの地を訪れ、乱平定の護摩祈祷を行った。翌年には平定されたが、不動明王の霊告により尊像はこの地にとどまり、堂宇を建立。後に天皇から新勝寺の寺号を授与される。

江戸時代になると、江戸・深川で行ったお不動様の出開帳により成田詣でが庶民の間で大ブームとなる。この時に、歌舞伎役者の初代市川團十郎が、お不動様への祈願が成就して長男を得たことに感謝し

平和大塔《へいわだいとう》

真言密教の教えを象徴する塔。1階は、市川家ゆかりの品や、成田山に関する歴史的書物を展示、公開している

第十四世貫首・三池大僧正像《だいじゅうよんせかんしゅ・みいけだいそうじょうぞう》

明治の廃仏毀釈を経て、成田山の再興に務め、成田山公園の基礎を造るとともに、成田高校の前身となる塾を開校

釈迦堂《しゃかどう》

かつての本堂であり、安政5年（1858）築。江戸時代後期の特色をよく残す総ケヤキ造り。厄払いの祈祷所

光明堂《こうみょうどう》

釈迦堂の前の本堂であり、元禄14年（1701）に建立。後方にある奥之院洞窟は、毎年、祇園会に開扉される

て『兵根元曽我（つわものこんげんそが）』という芝居をうったことと、成田不動に帰依し、屋号を成田屋と名乗ったことも起爆剤となった。平和の大塔には、歴代の團十郎との縁を物語る建物や資料、歌舞伎に関するものなども保管、展示されている。

境内には、多くの伽藍があり、仁王門や三重塔、光明堂、釈迦堂、額堂の５棟は江戸時代建立であり、国の重要文化財に指定されている。また、16万５０００㎡にもおよぶ自然豊かな成田山公園や、江戸時代から現代の日本の書作品を展示する成田山書道美術館なども整備され、歴史や文化、自然とふれあえる場となっている。

【大山街道】

あ

い

え

お

か

き

く

こ

さ

【成田街道】

著者
街道歩き委員会

土井 正和(どい まさかず)

歴史、町並みや街道、山歩きなどを得意分野として、新聞、雑誌、書籍などで旅の紹介をしている。記録では、1日の歩数5万歩もある。

日本旅行記者クラブ、日本旅のペンクラブ会員

40代からの街道歩き

大山街道編 成田街道編

2020年8月29日　初版第1刷発行

著　者　街道歩き委員会
土井 正和

取材・執筆・写真　土井 正和

編　集　株式会社アド・グリーン
塙 広明

デザイン　宮内 雅子

地　図　エルフ／萩原 和子

発行者　亀井 忠雄

発行所　**株式会社創英社／三省堂書店**
東京都千代田区神田神保町1-1
Tel 03-3291-2295
Fax 03-3292-7687

印刷／製本　三省堂印刷株式会社

ISBN978-4-86659-005-9
C0026